Christian Kelter
Reboot

Christian Kelter

Reboot

Jetzt

mehr Kirche wagen

echter

Bibliografische Information der Deutschen Nationalbibliothek

Die Deutsche Nationalbibliothek verzeichnet diese Publikation in der
Deutschen Nationalbibliografie; detaillierte bibliografische Daten sind im
Internet über ‹http://dnb.d-nb.de› abrufbar.

1. Auflage 2022
© 2022 Echter Verlag GmbH, Würzburg
www.echter.de

Umschlag: wunderlichundweigand.de
(Foto: Heike Witzgall Fotografie GmbH)
Innengestaltung: Crossmediabureau, Gerolzhofen
Druck und Bindung: Friedrich Pustet, Regensburg

ISBN
978-3-429-05772-5
978-3-429-05221-8 (PDF)
978-3-429-06577-5 (ePub)

Inhalt

Einführung

„Die Dinge gelingen am besten den Menschen,
die das Beste aus den Dingen machen."

(John Wooden, Basketball-Trainer)

Die Mission: Jesus Christus verkünden!

Nach dem Abitur habe ich eine Banklehre gemacht. Ich hatte einen guten Beruf. Aber das reichte mir nicht. Ich wollte nicht einfach einen Job. Ich suchte meine Berufung. Ich verspürte eine Mission. Ich wollte etwas tun, was meine ganze Leidenschaft benötigte. Etwas, das mir am Herzen lag. So habe ich Theologie studiert und mein Leben diesem Gott verschrieben, der mir bis heute das Wichtigste und das Wertvollste im Leben ist. Von ihm fühle ich mich gerufen. Von ihm fühle ich mich in die Welt geschickt. Ich habe also eine Mission. Die habe ich mir nicht selbst gesucht. Sie ist mir zugewachsen. Sie ist ein Geschenk.

Warum erzähle ich das? Weil es wichtig ist! Weil so alles anfängt! Eine Mission ist eine Leidenschaft. Das, wofür mein Herz schlägt, möchte ich weitererzählen. Was heißt das konkret? Nun, seit meinem neunten Lebensjahr bin ich Fan der Fußballer des 1. FC Köln. Das ist kein leichtes Los. Der Verein erlebte in den letzten 25 Jahren mehr Tiefen als Höhen. Es braucht viel Frustrationstoleranz. Und doch ist der „Effzeh" für mich Heimat, er ist Herzblut, er ist Leidenschaft. Alle, die mich kennen, wissen: Wenn es um Fußball geht, schlägt mein Herz Rot-Weiß, bin ich pure Leidenschaft, tendenziell irrational, dann und wann himmelhoch jauchzend, öfter jedoch zu Tode betrübt. Doch in allem und durch alle Zeiten bin ich diesem Club treu. Ich hänge am „Effzeh". Und ich bin sehr froh, dass ich diese Liebe an meine Kinder und ein bisschen sogar an meine Frau weitergeben konnte. Ja, das Lieblingstier unserer Familie ist und bleibt der Geißbock!

So ist das: Was meinem Leben Wert gibt, darüber kann ich nicht schweigen. Das spürt man mir an. Das möchte ich weitergeben. Das empfehle ich gern weiter. Auch wer kein Fußballfan ist, kann das wohl trotzdem nachempfinden. Wer etwas Gutes für sich entdeckt hat, ein Restaurant, ein Buch, einen Film, der gibt den Tipp gerne weiter. Das und nichts anderes heißt es, eine Mission zu leben.

Wovon das Herz voll ist, davon spricht der Mund. Und das möchte ich längst nicht nur in Bezug auf den 1. FC Köln tun. Ich möchte viel mehr und noch viel lieber von meinem Lebenssinn, ja von der Liebe meines Lebens erzählen: Jesus Christus, seinem Evangelium, seiner frohen Botschaft! Denn das ist mein Ein und Alles. Jesus Christus ist der Grund, weshalb ich lebe. Er ist auch der Grund, auf dem ich lebe! Ohne Jesus, ohne Gott wäre alles nichts. Das Allerschönste wäre für mich nicht wirklich schön, gäbe es Jesus Christus nicht. Und alles Böse, alles Traurige wäre tiefster und elendster Abgrund, gäbe es ihn nicht. Er ist für mich Ursprung und Ziel. Jesus Christus ist alles. Und ohne ihn wäre alles nichts.

Mit ihm möchte ich leben. Von Jesus will ich erzählen. Erzählen, nonverbal, durch mein Leben: geborgen, optimistisch und frei. Erzählen aber auch in Worten – nie perfekt zwar, aber ehrlich, engagiert, mit dem Herzen auf der Zunge.

Als Kind wäre ich nur zu gern Profifußballer geworden, selbstredend beim 1. FC Köln. Was mir neben dem Ausleben von Dynamik und Leidenschaft imponierte, waren die Innenansichten der Profis. Wenn da jemand den Satz sagte: „Ich bin so glücklich, denn ich konnte mein Hobby zum Beruf machen." Genau das wollte ich auch, mein Liebstes im Leben zum Beruf machen! Nun, ich bin kein Fußballer geworden. Dafür hat es nie gereicht. Aber ich hatte viel mehr Glück, als ich mir jemals vorgestellt habe. Ich habe nicht etwa mein Hobby zum Beruf gemacht, ich habe meinen Lebenssinn zum Beruf machen dürfen. Das ist noch viel mehr!

Das Wertvollste und Wichtigste in meinem Leben zum Beruf machen dürfen ist eine unfassbare Gnade. Ich darf mich jetzt hauptberuflich mit Jesus beschäftigen. Ich darf versuchen in seinen Fußstapfen zu gehen. Ich darf, 24 Stunden am Tag und an 365 Tagen im Jahr, mit und für ihn leben. Ich darf weitersagen, was ich von Jesus verstanden habe. Ich habe jede Zeit und unzählige Möglichkeiten, meine Fähigkeiten einzusetzen, damit auch andere Gott in ihrem Leben finden können. Welches Glück! Was für ein Segen! Was für eine coole Aufgabe!

Da war der Sport also doch zu etwas gut. Ich habe in ihm nämlich Wichtiges gelernt. Und es ist tief in mir verankert. Zu meiner Erleichterung fand ich es später sogar im 1. Brief von Paulus an die Gemeinde in Korinth (9,24): *„Wisst ihr nicht, dass die Läufer im Stadion zwar alle laufen, aber dass nur einer den Siegespreis gewinnt? Lauft so, dass ihr ihn gewinnt!"* Das ist es! Und ich stehe dazu: Ich will etwas erreichen! Ich bin ehrgeizig! Ich möchte in meiner Arbeit erfolgreich sein! Ich will gut sein. Ich will alles geben. Ob Gott mir dann einmal einen Siegespreis (Phil 3,14) zuteilen wird, ist allein seine Sache. Aber ich will es versucht haben. Ich möchte mein Talent und meine Fähigkeiten so optimal wie möglich eingesetzt haben. Meine Mission ist immer auch leidenschaftliche Motivation.

Das verwirrt manchmal: Als Theologe erfolgreich sein wollen? Kirche und Erfolgsdenken, beides passt ja angeblich nicht zusammen. In meinen ersten Berufsjahren habe ich mich mit meiner Motivation oft fremd und deplatziert gefühlt. Irgendetwas stimmte und passte da nicht recht. Der Pfarrer einer Nachbargemeinde hat es mir dann so gesagt: „Du willst zu viel. Das nervt. Du bringst uns mit deinem Eifer alle unter Zugzwang."

Das ist wohl so: Ehrgeiz, Mut, die Lust, lieber mal eine falsche Entscheidung zu treffen als gar keine, das alles gehört nicht zwangsläufig zum Charismen-Portfolio kirchlicher Mitarbeiterinnen und Mitarbeiter. Doch warum eigentlich nicht?

Ich möchte mich jedenfalls nicht mit dem Status quo zufriedengeben. Ich möchte in meiner Pfarrei, in meiner Gemeindearbeit nicht ein „business as usual" betreiben. Ich möchte nicht nur minimalistisch schauen – dass wir nichts verlieren. Niemand wird je etwas gewinnen mit der Prämisse, bloß nicht verlieren zu wollen – nicht im Sport – und in der Kirche auch nicht.

Ich möchte, dass wir etwas gewinnen! Ich möchte, dass wir wachsen! Ich wünsche mir mehr Reichweite für das Evangelium. Ich möchte für uns alle mehr Wachstum: im Glauben, in der Hoffnung und in der Liebe. Das treibt mein Team und mich tagtäglich an: Wir möchten mit maximal vielen Menschen auf dem Weg hin zu Jesus Christus sein und ihm immer ähnlicher werden.

Und um gleich einem Missverständnis vorzubeugen. So eine Mission und Motivation sind nicht ein Zusatzprogramm. Mission heißt weder für den Einzelnen noch für die Gemeinde: „Jetzt müssen wir noch etwas zusätzlich oder alles ganz anders machen." Mission ist nicht anstrengend, ist keine Belastung. Mission, das ist zuerst die Einstellung, die Haltung, mit der ich meinen Alltag lebe. Aus so einer Mission heraus zu leben, empfinde ich als ausschließlich bereichernd. Ich erlebe es auch als Entlastung. Ich/wir sind mit unserer Mission neugieriger geworden, hoffnungsfroher, kreativer und schlussendlich freier und glücklicher.

Wir versuchen in unserem Lebens- und Arbeitsalltag ganz konkrete Haltungen einzuüben. Wir versuchen, die einfachen Dinge besser zu machen. Und wir üben uns darin, stets neu anzufangen und nicht zu verzagen, wenn wir einmal zurückfallen in alte Muster. Überhaupt geht es viel ums Lernen. Und wer ist uns der erste und beste Lehrmeister? Es ist nicht der Katechismus. Es ist nicht der CIC. Es ist Jesus Christus mit seinem Evangelium.

Die Strategie: Runterfahren und durchstarten!

Kennen Sie das auch? Ich könnte darüber verzweifeln: Ich sitze am Schreibtisch, bin hochmotiviert und aus dem Nichts heraus hängt sich mein Computer auf. Da kann ich wild und hektisch werden oder einfach beleidigt mit böser Miene warten. Ich kann schimpfen, bitten und betteln. Es hilft nichts. Das System ist blockiert. Nichts geht mehr. Dann würde ich das Ding am liebsten aus dem Fenster werfen oder mindestens umweltgerecht entsorgen. Wehmütig erinnere ich mich an die Zeiten, in denen ich noch mit der Hand schrieb. Ach, war das schön! Alles war so einfach. Meine Welt war übersichtlich und geordnet. Alles war gut. Nein, Blödsinn, es war nicht alles gut. Die Vergangenheit hatte ihre eigenen Sorgen. Und IT ist ein Segen. Ich möchte sie nicht mehr missen. Ich muss bloß lernen, sie richtig anzuwenden. Unser IT-Supporter rät mir in solchen Momenten der Verzweiflung zu einem „Reboot". Die Maschine einfach mal runterzufahren und neu starten. Da sei nichts kaputt und schon gar nicht sei das Teil in die Jahre gekommen. Ich müsse aber versuchen, die Maschine zu verstehen. Ich hätte schlicht zu schnell zu viel auf einmal gewollt. Ich hätte ein Durcheinander angerichtet. Während ich Anwendung um Anwendung aufgerufen habe, hätte im Hintergrund noch ein Update installiert werden wollen. Da sei einfach zu viel zusammengekommen und so habe sich das System halt aufgehängt. Dann heißt es ruhig bleiben, das System runterfahren und neu starten. Und tatsächlich muss ich nie Angst haben, ich würde etwas verlieren. Alles bleibt da und funktioniert am Ende wunderbar. Bei einem Computer ist es wie bei vielem im Leben: Es kommt darauf an, die Dinge in der richtigen Reihenfolge zu machen. Manchmal kann alles so einfach sein.

Das ist nicht nur bei meinem Computer so. Das ist auch in der Kirche so, im Alltag meiner und unserer Gemeinden. Auch hier tut es gut, immer mal wieder runterzufahren, zu rebooten, neu zu starten. Verloren geht nämlich nichts. Stattdessen wird alles noch einmal richtig geordnet. Probieren wir es doch einfach.

Ich habe das gemacht. In Zeiten, in denen offenbar nichts mehr ging. Als mir Kirche keinen Spaß mehr machte. Als sich kaum mehr Mitarbeitende fanden. Als das Geld knapp zu werden drohte. Als die Menschen anfingen, in Scharen aus der Kirche auszutreten und ich es ihnen kaum verübeln konnte. In einer Zeit, in der die Kirche der Welt schlechte Antworten auf deren gute Fragen gab. Meine Verzweiflung über das System Kirche einerseits und meine Liebe zum Evangelium andererseits waren so groß, dass ich das Risiko gut eingehen konnte. Kaputtgehen konnte ja nicht mehr viel. Die praktischen „Anwendungen" in der Gemeinde Stück für Stück mal herunterfahren, was sollte da schon passieren? Predigen wir nicht oft darüber, wie sehr Verzicht und Reduktion den Blick auf das Wesentliche schärfen? Also los: Alle gemeindlichen Funktionen mal zurücksetzen, das Evangelium wieder und wieder tagesaktuell lesen, es mutig und offen für die Praxis durchdenken. Das Evangelium ehrlich wagen! Und tatsächlich: Nichts ging verloren. Alles blieb da. Aber alles wurde auch anders. Ich gewann neue Einsichten, fand ungeahnte Perspektiven. Ich entdeckte ganz neue Funktionen. Was für ein Gewinn!

Mit dieser kleinen Schrift möchte ich erzählen, was mich bewegt und warum ich mich nach 20 Jahren immer noch hochmotiviert für Jesus ins Zeug werfe. Vielleicht macht es Ihnen Lust, einmal an Ihrem Ort, da wo Sie Kirche leben, das Gleiche zu tun. Haben Sie keine Angst: Sie werden nichts verlieren. Alles wird gut und wahrscheinlich sogar besser.

Sehen, Urteilen, Handeln

Dieses Büchlein folgt dem Dreischritt Sehen, Urteilen, Handeln.

Mit dem Sehen (Teil A) fängt alles an. Das Sehen ist zugleich immer ein Hören. Das Hören auf Jesus Christus.

Er ist Gottes Wort. Ihn glauben wir als den Anfang aller Dinge. Und also muss es bei ihm auch losgehen. Der erste Schritt beginnt bei Jesus. Statt mich mit Jammern über den Zustand der Kirche geistlich selbst aufzuhängen, wie mein Computer, möchte ich ein Wort von Dietrich Bonhoeffer beherzigen. Er spricht mir aus dem Herzen, wenn er sagt: *„Es stellt sich in Zeiten der kirchlichen Erneuerung von selbst ein, dass uns die Heilige Schrift reicher wird. Hinter den notwendigen Tages- und Kampfparolen der kirchlichen Auseinandersetzung regt sich ein stärkeres Suchen und Fragen nach dem, um den es allein geht, nach Jesus selbst. Was hat Jesus uns sagen wollen? Was will er heute von uns? Wie hilft er uns dazu, heute treu Christ zu sein? Nicht was dieser oder jener Mann der Kirche will, ist zuletzt wichtig, sondern, was Jesus will…"*[*]

So ist es! Je mehr mich die Kirche, ihre Protagonisten und Strukturen enttäuschen und verwirren, desto wichtiger wird mir die Heilige Schrift. Einzig der Blick auf Gottes Sein und Wirken in der Schrift bringt mich weiter. Und nur Jesus allein vermag mich im Verstand und im Herzen in eine echte Weite zu führen. So soll also der erste Blick auf Jesus gerichtet sein, auf das Evangelium. Ich will wissen, was er heute für mich und meine Arbeit will.

Mein Sehen (und Hören) soll dabei unbelastet sein, unverzagt, nennen wir es ruhig ein bisschen naiv. Ich möchte vermeiden, allzu fest in die Exegese einzusteigen. Nicht dass ich gute Exegese nicht schätze. Aber ich erlebe leider zu oft, dass theologische Diskussionen im geistlichen Niemandsland enden. Dann tun am Ende alle lieber nichts aus Angst, etwas Falsches zu tun. Dann glaubt man dem Wort

---

[*] Dietrich Bonhoeffer, Nachfolge, Gütersloher Verlagshaus, Gütersloh, 7. Auflage, 2019, Seite. 21.

des kirchlichen Lehramts am Ende mehr als dem Wort aus Gottes Mund. Nein, das führt ins Nichts. Ich vertraue darauf, dass Gottes Wort uns allen zu Herzen spricht. Der lebendige Gott spricht sein Wort direkt zu mir – und übrigens auch zu Ihnen. Wer getauft ist, der braucht keine Vermittlung Dritter, um mit Jesus auf „du" zu leben. Das hat er uns versprochen! Und das möchte ich unbedingt glauben.

Im zweiten Teil (B) versuche ich aus dem Gesehenen (und Gehörten) Schlüsse für meine Praxis zu ziehen. Ich möchte wissen, was ich konkret tun kann. Ich habe sieben Haltungen gefunden, die mich in meinem Handeln leiten. Diese Haltungen, diese Einstellungen beeinflussen nicht nur maßgeblich mein Glauben und Arbeiten. Sie bewirken tatsächlich Erfolg. Meine/unsere Arbeit wird damit besser. Was ich von Gott, von Jesus gelernt habe, ist nicht nur glaubwürdig. Es ist auch brauchbar. Ich kann es leben, umsetzen und einsetzen. Gott möchte ja mit seinem Wort in mein Leben hineinwirken. Das ist das Beste, was mir passieren kann. Ich will das Evangelium lernen. Ich will es erfahren. Es soll mich prägen.

Erst dann, nach dem Sehen und Hören, erst nach der persönlichen Reflexion (Urteilen), erst dann kann ich im dritten Teil (C) ins Handeln kommen. Schließlich geht es nicht zuvorderst darum, die Dinge richtig zu machen. Es geht vorgängig darum, die richtigen Dinge zu tun. An ausgesuchten Feldern christlichen Handelns möchte ich in diesem dritten Teil konkret werden. Ich möchte Erfahrungen skizzieren und Vorschläge machen, die Lust machen, da und dort einfach noch mal anders zu denken und neu zu starten.

Jesus hat mich in den letzten Jahren oft überrascht. Ich hatte gedacht ihn zu kennen. Aber immer, wenn ich mir seiner ganz sicher war, zeigte er sich mir plötzlich nochmal ganz anders. Doch genau so konnte ich wachsen. Weil Gott mir andere Seiten von sich zeigte, konnte ich auch an mir andere und neue Seiten entdecken. Ich konnte mit neuen Augen auf die Menschen und die Arbeit in der Kirche und in meiner Gemeinde schauen. Ich habe mich sehr verändert. Und mit mir, so darf ich sagen, haben sich auch Menschen in meinem Umfeld weiterentwickelt. Wir haben miteinander die Atmosphäre an unserem Ort verändert. Kirche und Glauben fühlen sich jetzt anders an. Aus viel Alltag wurde mehr Aufbruch. Aus trister Routine entsprang die Lust, sich auszuprobieren. Aus nervigen Konflikten erwuchsen uns spannende Lernfelder. Aus kräftezehrenden Anstrengungen flossen uns plötzlich neue Energie und mehr Freude am Glauben zu.

Ich meine, diese Erfahrungen haben die Kraft, uns alle zu motivieren. Diese Erzählungen spornen vielleicht auch Sie an, die gleichen Dinge anders und vielleicht noch viel besser zu machen.

A. „Suchet zuerst Gott!"
Drei Zusprüche und ein Auftrag

„Wer das erste Knopfloch verfehlt, kommt mit dem Zuknöpfen nicht zu Rande." Ich weiß nicht genau, in welchen Zusammenhang Johann Wolfgang von Goethe dieses Bonmot einfiel, aber ich kenne das aus eigenem Erleben. Nicht nur beim Anziehen, auch im kirchlichen Arbeiten tritt dieses Phänomen gerne auf. In der Erstkommunion-Vorbereitung, im Seelsorgerat, in der Männergruppe und im Kirchenchor: Wir haben unsere Arbeitsfelder. Wir haben Aufgaben. Immer gibt es viel zu tun. Wir schuften und rackern. Wir sind fleißig. Aber richtig zufrieden sind wir nicht. Und deshalb investieren wir beim nächsten Mal noch einmal mehr.

„Als sie das Ziel aus den Augen verloren hatten, verdoppelten sich ihre Anstrengungen." Das ist auch so ein Wort. Diesmal ist es von Mark Twain.

Um was geht es tatsächlich in unserer Arbeit? Was hat oberste Priorität? Was ist das konkrete Ziel all unseres Tuns? Und warum tun wir es so und nicht etwa anders?

Ich befürchte, in vielen kirchlichen Arbeitsprozessen werden diese Fragen selten mehr gestellt und kaum einmal ehrlich beantwortet. Nicht, weil wir es nicht könnten. Wir haben vielmehr das trügerische Gefühl, das sei alles eh klar und längst geklärt. Aber das stimmt so nicht.

Das Ziel allen christlichen Sorgens und Arbeitens muss immer Jesus Christus sein. Um ihn zuerst geht es! Die Kirche als Institution, ihre Traditionen, die Feste und Riten, das alles dient nur dazu, auf Jesus Christus hinzuweisen, um ihm die Möglichkeit zu geben, sich uns zu zeigen! Die Kirche ist „*Zeichen und Werkzeug*", sagt Lumen Gentium 1,48, damit Gott und Mensch zueinanderfinden. Sie ist nicht Selbstzweck. Heißt: Es geht nicht um den Pfarrer. Es geht nicht um die Gemeindereferentin. Es geht nicht um die Struktur und es geht nicht um das Konzept. Verstehen wir es richtig: Das heißt nicht, dies alles wäre unwichtig. Es ist wichtig. Es geht aber um die richtige Reihenfolge. Alle Menschen, alle Strukturen, alle Konzepte: sie sollen dienen, damit Menschen zu Jesus Christus finden.

Haben wir das noch vor Augen und auf dem Herzen? Ich bin nicht sicher. Wir stützen Systeme, wir halten an Liebgewonnenem fest, wir sind manchmal auch einfach nur wund gekämpft, müde und ein bisschen reaktionsarm. Es ist nicht mehr ganz klar, um was es eigentlich geht. Wir haben im laufenden Kirchenbetrieb das Wesentliche aus den Augen verloren.

Ich erlebe das oft tragisch. Unsere Arbeit ist dann nicht fruchtbar. Und schlimmer noch: Sie ist vergebens. So viele in der Kirche sind frustriert. Es stimmt hinten und vorne nicht. Es ist wie bei Goethes Oberhemd: Wir kommen nicht zu Rande. Es wird schief. Weil wir von vornherein schieflagen und falsch begonnen haben.

Wie können Menschen heute die befreiende Kraft des Evangeliums erleben? Wie können sie in ihrer Lebenssituation Gottes Wort anhören, es entdecken und für sich annehmen? Wie können Menschen Gott kennenlernen als die unendliche Liebe, die jeden Tag mit ihnen ist?

Darum geht's! Es geht nicht darum, an die Kirche zu glauben. Es geht schon gar nicht darum, Kirchenleuten zu glauben. Als Getaufte haben alle etwas beizutragen, jede und jeder etwas, aber niemand alles. Nein, es geht zuerst darum, Gott zu glauben.

Und um Gott glauben zu können, muss ich sein Wort lesen und hören. Sein Wort ist heilige Schrift, ist Evangelium, ist frohe Botschaft.

„Was lerne ich über Gott?" und „Was lerne ich davon ausgehend für mein Leben?".

Das sind die beiden Fragen, auf die es ankommt! Gott zeigt sich und ich kann entdecken, was sein Wort in meiner Lebenssituation bedeutet, wie das lebendig werden kann und was dieses Wort in meinem Leben konkret verändern möchte. Gott muss die Möglichkeit haben, mir mit seinem Wort ins Herz zu dringen. Das geht nicht auf Knopfdruck und das schafft niemand für sich allein. Dazu braucht es Zeit, ein gutes Umfeld, es braucht Menschen, die begleiten, stützen, motivieren, dann und wann auch konfrontieren. Es braucht Formen und Strukturen. Es braucht Kirche! Dazu soll die Kirche gut sein. Sie soll helfen, dass Menschen das Evangelium als Realität erleben, als die Wahrheit ihres Lebens. Eine Wahrheit, die sich konkret und höchstpersönlich auf das individuelle Leben bezieht.

„Lebe das, was du vom Evangelium verstanden hast. Und wenn es noch so wenig ist. Aber lebe es", sagte Frère Roger. Darum geht's im christlichen Leben! Damit kann man täglich anfangen. Und dazu soll die Kirche dienen – allen Menschen – auch denen, die das Evangelium noch nicht gehört haben. Denn es ist auch für sie in die Welt gesprochen.

Anfang und Ziel allen christlichen Denkens, Redens und Tuns ist also immer Jesus Christus selbst. Er und sein Wort sind nicht nur der erste Knopf, den es zu knöpfen gilt. Jesus Christus und sein Wort sind die Ressource schlechthin. Bei ihm muss alles anfangen. *„Am Anfang war das Wort"* (Joh 1,1), so beginnt das Johannesevangelium. Ich möchte das ernst nehmen und umsetzen. So soll also nun sein Wort am Anfang meiner Betrachtungen und Überlegungen stehen. Anders geht es nicht. Sonst würde der Rest einfach nur schräg werden.

A.1. „Mach dir kein Bild." Gott ist anders!

„Mein Gott, wir haben uns an dich gewöhnt." Der Satz steht auf einem Wegkreuz in unserer Pfarrei. Bezeichnenderweise bin ich lange daran vorbeigegangen. Es ist peinlich, aber wahr: Ich habe es nicht mal bemerkt. Denn: An Wegkreuze hatte ich mich gewöhnt. Ich habe sie kaum beachtet. Seitdem ich das Kreuz aber kenne, schaue ich es bewusst und gerne an. Nein, an Gott möchte ich mich nie gewöhnen.

Und doch ist die Gefahr groß. Reden wir nicht zu selbstverständlich von ihm? Verkünden wir ihn nicht allzu routiniert? Gut und recht: Wir loben und preisen, wir predigen ihn. Aber wir stehen dauernd in der Gefahr, zu bloßen Statthaltern zu werden, zu Verwaltern des Heiligen. In der Illusion, ihn zu kennen, ihn erforscht zu haben. Wir betreiben Theologie. Wir haben Gott in Lehrsätze gegossen und in Formeln gezwängt. Wir haben aus Gottes dynamischem Wort Gesetze gemacht.

Deshalb ist alles so schwierig geworden! Wir lassen es – unreflektiert – kaum noch zu, dass Gott uns anspricht. Wir hören gar nicht mehr hin, im Glauben, schon alles zu wissen. Ja man kann überspitzt sagen: Weil wir meinen zu wissen, haben wir den Glauben verlernt. Zum Glauben gehört es aber meiner Meinung nach, sich Gott hinzuhalten. Immer wieder neu. Auf dass er sein Evangelium in mich und meine ganz konkrete Situation hineinsprechen kann. Es gehört zum Glauben, mich davor zu hüten, meine Wünsche, das, was ich für gut und richtig finde, vorschnell für Gottes Wunsch und Willen zu halten. Glauben heißt, zu beten, dass Gott alles von mir nimmt, alle meine Gedanken, Ideen und Pläne, die mich hindern, sein Wort zu hören und es zu leben.

Vielleicht ist das unsere größte Versuchung und unser schwierigstes Hindernis: Dass wir Sünder sind, wie Papst Franziskus sagt, Angefochtene, die mehr sich selbst glauben als Gott und mehr von sich selbst erhoffen als von Gott. Unsere Ideen sind nicht rein, unsere Kriterien sind nicht lauter. Da ist zu viel von uns drin und zu wenig Gott und Evangelium.

Dann wird einfach alles schräg. Dann erklären wir anderen unsere Ideen von Gott, statt dass wir sie ermutigen, Gott in ihrem eigenen Leben zu suchen. Dann definieren wir als Kirche, was gut und recht ist, statt dass wir Menschen einladen auf Gottes Stimme in ihrem Herzen zu hören und ein waches Gewissen herauszubilden. Dann regeln wir den Zugang zu Sakramenten, statt dass wir darauf vertrauen, dass Gott mit jedem Menschen immer seine ganz eigene Geschichte schreibt und dass die beiden das getrost selbst miteinander ausmachen werden.

Die Gewöhnung an Gott ist Gift. Sie hat uns ins geistliche Wachkoma versetzt. Die Kirche ist adipös geworden. Kein Leben, keine Leidenschaft, kein Geist. Es wird Zeit, noch einmal auf die Straßen und Gassen zu gehen und an die Hecken und Zäune. Es wird Zeit, die Sicherheiten aufzugeben und noch einmal neugierig auf Gott zu schauen. Dann wird schnell klar: Niemand von uns hat Gott auf sicher. Gott ist Gott. Er ist nicht zu fassen. Er ist so vielgestaltig, immer anders, stets überraschend. Gott ist ein gewaltiges Abenteuer. Er ist eine riesengroße Wundertüte.

Gott ist nämlich voller Gegensätze: Er segnet und er schimpft (Adam und Eva). Er verflucht und er schützt (Kain). Gott ruft die einen zum Aufbruch (Abraham). Und er führt die anderen heim (Israel). Gott lässt Kleine siegen und Große verlieren (David und Goliath). Er stürzt Mächtige vom Thron. Er macht Niedrige groß (Lk 1,52). Gott heilt und er stürzt ins Verderben.

Auch in Jesus zeigt er sich einerseits als sanft (Mt 11,30) und bald schon als einer, der seine besten Freunde beschimpft (Mt 16,23). Jesus lehnt Gewalt ab, wo sie eine legitime Selbstverteidigung wäre (Mt 26,47–56). Dafür schlägt er im Tempel drein, wo er argumentativ vielleicht mehr erreicht hätte (Joh 2,15). Er nennt Fromme Heuchler und verspricht Verbrechern das Paradies (Lk 23,43).

Gott ist immer nochmal ganz anders. Wer ihn auf etwas festlegt, der irrt mit hoher Wahrscheinlichkeit. Wer ihn in Lehrsätze gießt, steht in großer Gefahr, das Thema zu verfehlen.

Demnach darf auch die Kirche nicht zu einer Art geschlossener Gesellschaft werden. Sie darf nicht eng sein und auf sich selbst bezogen. Gespräche über den Glauben dürfen nicht in Filterblasen stattfinden. Sie gehören auf die Straßen, in den breiten Dialog. Sie dürfen herausfordern, sie müssen sich aber auch bewähren. Und sie dürfen sich verändern. Weil sich eben auch Gott dauernd und zu jeder Zeit und an jedem Ort anders zeigt und artikuliert.

Die Kirche hat viele dringende Hausaufgaben zu lösen! Die Debatten um Macht, um Strukturen und deren toxische Folgen müssen dringend geführt werden. Da braucht es Umkehr und einen echten Neuanfang. Daneben braucht es aber noch mehr: Die Frage nach Gott muss wieder neu gestellt werden.

Gerade seit der Pandemie erlebe ich, dass Menschen auf der Suche sind – auch außerhalb unserer christlichen Gemeinden. Menschen suchen nach Sinn, nach Glück, nach tragfähigen Beziehungen. Sie suchen – als Christ muss ich das so sagen: nach Gott. Einmal mehr und vielleicht jetzt besonders steht Martin Luthers alte Frage ganz vorn auf der Agenda: *„Wie finde ich in meinem Leben den gnädigen Gott?"* Es ist die Frage nach dem Sinn hinter allem, nach dem, was trägt, bedingungslos und ohne jeden Vorbehalt.

Dem können und sollen wir Christinnen und Christen dienen. Zeigen wir der Welt Jesus! Nicht als Besserwisserinnen und Besserwisser, nicht als solche, die Gott auf sicher haben. Verstehen wir uns vielmehr als Suchende, als solche, die sehr wohl wissen, dass Gott ein Abenteuer ist, eine Herausforderung. Dass er sich aber zeigt, dass man ihn entdecken kann. Dass er die Macht und die Möglichkeit hat, uns zu tragen. Und dass es gut ist und vernünftig, darauf zu vertrauen.

„Was kann ich wissen? Was soll ich tun? Was darf ich hoffen?" Auf die alten Fragen Kants antworten Christinnen und Christen glaubwürdig nicht mit Regeln und Katechismen. Orientierung geben wir besser mit Taten und Worten der Liebe.

Wer sich noch nicht an Gott gewöhnt hat, wer seine Beziehung zu Gott von Lehrsätzen und Dogmen befreit hat, der endet fast zwangsläufig bei der Liebe. „*Gott ist Liebe*", sagt der 1. Johannesbrief. Und es kommt zuerst einmal darauf an, anzuerkennen und zuzulassen, dass dieser Gott uns liebt – dich und mich und übrigens auch unseren unsympathischen Nachbarn. Ich kann so vieles nicht über Gott sagen. Das Evangelium ist kein Passepartout, es ist keine Gebrauchsanweisung, mit der ich eins zu eins die Herausforderungen meines Lebens abarbeiten kann. Dafür ist vieles im Evangelium zu allgemein und widersprüchlich. Dafür ist Gott offensichtlich zu vielgestaltig, zu anders, schlichtweg zu groß!

Ich kann aber die Liebe Gottes annehmen und sie in mein Leben einlassen. Ich kann mich für diesen Gott öffnen, von dem Marie-Luise Kaschnitz sagt, er sei „*Liebe – frei gewordene*" (sic!). Das erklärt, warum Gott nicht zu erklären ist. Er ist die Liebe schlechthin! Und Liebende sind so: Sie tun manchmal wundersame Sachen. (Glauben Sie mir, ich weiß, wovon ich rede.) Liebende sind unberechenbar. Sie sind ungeheuer großzügig. Sie haben ein weites Herz. Sie sind zugleich voller Energie, Leidenschaft und Eifer (manchmal auch Eifersucht). Liebende sind unglaublich faszinierend, meist schwer auszurechnen und oft auch ein bisschen anstrengend. Liebende sind wahrhaft frei. Sie sind omnipräsent und doch nicht fassbar.

Wir werden diesen Gott nicht fassen können. Nicht zufällig warnt die Bibel deshalb schon ganz zu Anfang vor fixen Gottesbildern (Ex 20,4ff). Weil das in die Irre führt. Weil Bilder sich einbrennen, weil wir uns dran gewöhnen und weil unser Inneres dann getrübt ist. „*Du sollst dir kein Kultbild machen und keine Gestalt von irgendetwas am Himmel droben, auf der Erde unten oder im Wasser unter der Erde.*" Das heißt für mich: Gott passt in kein Bild. Er lässt sich nicht einfangen. Gott ist größer, Gott ist weiter. Gott ist anders! An Gott kann man sich nie gewöhnen. Er ist die Liebe. Das muss reichen. So viel ist er für uns und kein bisschen weniger.

Für mich macht genau das die Faszination aus, die von Gott ausgeht! Dass ich zwar immer mit ihm unterwegs sein kann. Dass ich aber nie mit ihm fertig werde. Genau deshalb kann ich ihn nicht lassen und empfinde ich das Leben mit ihm als das Aufregendste und Verrückteste, was es gibt. Dieser Gott tut mir einfach gut!

Und das muss ich immer wieder sagen. Darauf möchte ich Antwort geben. Diesem Gott möchte ich mein Leben hinhalten. In seinen Dienst möchte ich mich stellen, für ihn mich engagieren. Ich möchte gut sein und immer besser, weil er möchte, dass ich mein Bestes für ihn gebe. Für ihn möchte ich etwas riskieren, etwas wagen und, wenn es sein muss, den Kopf hinhalten. Ich möchte nicht schweigen. Ich möchte das bisschen leben, was ich von ihm „verstanden" habe. Mehr muss nicht. Aber weniger darf auch nicht.

Ich lerne:

- Glauben heißt, von sich selbst absehen und zu Christus hinsehen.
- Gott hat eine Vorliebe für Überraschungen, die uns aus vermeintlicher Glaubens-Sicherheit herausrufen.
- Gott ist bei Menschen und in Situationen, wo wir ihn auf Anhieb nicht vermuten würden.
- Gott ist ein Abenteuer, das niemand exklusiv für sich beanspruchen kann.
- Das Leben mit Gott verlangt von mir Wachsamkeit, Offenheit und Diskurs.

- Liebe und Dienst am Nächsten und an der Schöpfung
  können, in aller Unübersichtlichkeit, als eine Art Kom-
  passnadel dienen für die Suche nach Gott.

A.2. „Ich bin mit euch." Gott ist da!

Gott ist also eine große Wundertüte. Er ist immer anders
und stets für Überraschungen gut. Wenn ich in die Bibel
schaue, meine ich aber auch noch mehr zu sehen.

Schon ganz am Anfang erzählt das Buch Genesis, dass
Gottes Geist in der Welt gegenwärtig ist. Gott ist da, vor
den Dingen, vor allem anderen. Die Bibel sagt es so: „Gottes Geist schwebte über dem Wasser" (Gen 1,2). Das klingt
zart, dezent und unmerklich. Und doch beweist sich die
Anwesenheit Gottes als so unglaublich dynamisch und
schöpferisch: Gott sieht und spricht in die Welt hinein.
Gott hat eine Vision und er ruft sie ins Dasein. Gott schafft
alles durch sein kraftvolles Wort.

Dabei lässt Gott unvorstellbar viel Freiheit walten. Freiheit ist ja so etwas wie die Zwillingsschwester der Liebe.
Ohne Freiheit ist Liebe nicht denkbar. Und ohne Liebe
läuft jede Freiheit ins Verderben.

Gott liebt seine Schöpfung. Er vertraut ihr. Und die
zahlt es ihm zurück mit Entwicklung, mit Wachstum, mit
Vielfalt und Diversität. Gott, das ist offensichtlich, liebt
das Leben, er liebt Entwicklung. Gott hat Freude am Werden und Entstehen. Gott fürchtet aber auch das andere
nicht, das Zu-Ende-Gehen, das Sterben und Vergehen.
Das Bild der Schöpfung, das Bild vom Anfang, es kann
optimistischer nicht sein. Himmel und Erde sind von allem Anfang an erfüllt von Gottes Herrlichkeit (Ps 72,19).

Wo Freiheit ist, da gibt es auch das andere. Da erwachsen auch Komplikationen. Es entstehen sogar Dinge, die dem Leben nicht dienlich sind. Das erleben wir gerade schmerzhaft. Jedes Virus, und sei es noch so unbekannt, es ist ein Teil der Schöpfung.

Nicht nur deshalb tun wir uns oft genug schwer mit der Vielfalt. Wir tun uns vor allem schwer mit der Freiheit. Die Freiheit in Gottes Schöpfung geht ja so weit, dass selbst das Undenkbare geschehen kann: dass Menschen einander töten. Die Bibel erzählt davon. Doch auch dann noch, als Gewalt und Tod ins Leben einziehen, hält Gott an der Freiheit und an der Liebe fest. Das Grundprinzip der Schöpfung und allen Lebens ist und bleibt Vertrauen. Gott glaubt an die Menschen!

Und die Menschen? Sie glauben an Gott. Auch das ist ein Prinzip. Vertrauen wird mit Vertrauen beantwortet. Weil sie Gottes Zutrauen leibhaftig erfahren, glauben die Menschen Gott. Nehmen wir Mose: Er erlebt Gott als den *„Ich bin da!“*. Auf diesen Gott kann er sein Leben bauen, seine ganze Existenz. Da ist nicht immer eitel Sonnenschein. Aber es geht. Und es geht immer weiter!

Von nichts anderem berichtet das Erste Testament! Wie ein roter Faden zieht sich das Dasein Gottes, sein Sorgen und Führen, durch die Erlebnisse der Menschen, von denen uns erzählt wird. Dabei sind es nicht immer nur die großen und herausragenden Ereignisse, die Wanderungen, die Nöte und Kriege, bei denen die Menschen früher oder später merken: „Gott ist mit uns."

Bezeichnend ist auch hier wieder Mose. Gott begegnet ihm beim Schafehüten. Banaler geht es nicht. Es braucht scheinbar nicht unbedingt außergewöhnliche Momente oder Orte für die Begegnung mit Gott. Nein, Gott begegnet den Menschen überraschend unkompliziert, einfach so, mitten in ihrem Alltag. *„Zieh deine Schuhe aus, denn da, wo du jetzt gerade stehst, da ist heiliger Boden"* (Ex 3,5).

Das sind die Erfahrungen der Menschen in der Bibel: Kein Alltag kann so fade, keine Situation kann so verworren oder widerlich sein, als dass Gott sich nicht auch da noch zeigen und mitteilen könnte. Das lerne ich von Mose und von den vielen anderen bekannten und oft überlesenen biblischen Gestalten: Gott braucht keine speziellen Momente. Wenn Gott sich mitteilt, wird jeder Moment herausragend. Gott braucht keine heiligen Orte. Jeder Ort wird durch Gottes Anwesenheit heilig. Gott braucht keinen Sonntagmorgen. Gott braucht kein Pontifikalamt. Gott braucht keine amtlichen Mittlerinnen und Mittler. Gott liebt Menschen – alle – dich und mich und sogar die, die wir unsympathisch finden. Allen will er begegnen, alle spricht er an.

Wenn die Bibel Recht hat, dann ist höchstwahrscheinlich mein Alltag genau die Zeit und der Ort, wo Gott sich mir unmittelbar nähert, wo er mich anspricht und mir seine Nähe und Fürsorge erweist. Nichts Besonderes, nichts Festliches, nichts Arrangiertes. Da wo ich bin, da wo du bist, kann der Boden für dich und für mich jederzeit zu heiligem Boden, zur Möglichkeit der Begegnung mit dem lebendigen Gott werden.

Der Besuch in der Eckkneipe, der Spaziergang mit dem Hund, die Besprechung mit der Kollegin, das Frühstück mit den Kindern, das alles kann heiliger Boden, kann Zeit und Ort der Gottesbegegnung werden.

So schön das klingt – ich weiß –, es ist nicht leicht zu glauben und geht es im Trubel des Alltags schnell verloren. Das war und ist wohl zu allen Zeiten gleich. Wohl deshalb hat Gott sich noch einmal selbst übertroffen und ist Mensch geworden.

Der bis dahin Transzendente wird Mensch unter Menschen. Er kommt in die Welt. Gott kommt in sein Eigentum. Das Wort, durch das alles geworden ist, es spricht sich noch einmal anders in die Welt. Das Wort wird anschaulich. Er kommt selbst in die Welt. Gott hält nicht daran fest, Gott zu sein. Er wird wie wir. Damit wir ihn alle kennenlernen und *„damit alle im Himmel, auf der Erde und unter der Erde ihr Knie beugen vor dem Namen Jesu und jeder Mund bekennt: Jesus Christus ist der Herr zur Ehre Gottes, des Vaters"* (Phil 2,6–11).

Gott gibt sich durch Jesus deutlich und überbietbar zu erkennen: „Hier bin ich! Das bin ich! So bin ich!" *„Wer mich sieht, sieht den, der mich gesandt hat"* (Joh 12,45), sagt Jesus über sich selbst. Heißt: Wer etwas über Gott hören will, muss auf Jesus hören (Hebr 1,1f). Wer etwas von Gott sehen will, muss auf den schauen, den wir Menschen *„durchbohrt"* haben (Joh 19,37). So und nicht anders ist Gott! Mit Jesus hat Gott alles gesagt, hat er alles gezeigt, hat er alles getan. Er, der *„am Herzen des Vaters ruht, er hat Kunde gebracht"* (Joh 1,18).

Seitdem ist klar: Gott ist da. Er ist lebendig. Er ist unter uns. Er ist sorgend für uns da. Das ist die erste und die wichtigste Erkenntnis, die mir die Bibel mitgibt: Jesus ist der *„Gott mit uns"* (Mt 1,23). Was für eine Zusage! So beginnt mein Lieblingsevangelium. Und mit diesem Versprechen endet es auch: *„Siehe, ich bin mit euch alle Tage bis zum Ende der Welt"* (Mt 28,20).

Das ist phänomenal! Daran kann man sich nie gewöhnen. Das darf und soll uns immer vor Augen sein. Das In-der-Welt-Sein, das Unter-den-Menschen sein, das ist die erste gewaltige Überraschung, die wir am Anfang unserer Betrachtungen machen. Was für ein Geschenk! Was für ein Versprechen! Darauf lässt sich wahrhaftig aufbauen. Und daran will ich glauben. Dass es eben so beginnt und nicht anders. Mit dem Vertrauen, dass Gott da ist. Dass das von allem Anfang an so war. Und dass das demnach heute immer noch gilt. Und dass es gemäß dem Versprechen am Ende des Matthäusevangeliums ganz gewiss auch morgen noch gelten wird und an jedem neuen Tag. Wie im Anfang, so auch jetzt und alle Zeit und in Ewigkeit, beten wir. Glauben wir es doch: Gott ist da!

Ich lerne:

- Gott ist nicht fern. Er lässt sich im Alltag finden.
- Gott ist bei den Menschen – auch wenn die das nicht merken. Gottes Nähe ist das große Narrativ des christlichen Glaubens.
- Liebe, Vertrauen und Freiheit sind Grundprinzipien Gottes und also unseres Glaubens.
- Aus alledem resultiert ein optimistisches Welt- und Menschenbild.

A.3. „Was du willst." Gott ist Entwicklung!

Gott ist da! Er ist in Jesus Christus der Immanuel, der Gott mit uns (Mt 1,23). Und dieser Immanuel ist auch der Gott für uns (Röm 8,31). Das ist die dritte große Erkenntnis, die ich aus der Bibel lese: Gott ergreift Partei für uns, für dich und für mich.

Das fasziniert mich ganz besonders: Ich bin Gott wichtig! Gott will, dass ich lebe. Er wünscht sich, dass ich in

Fülle lebe. Es geht Gott, es geht Jesus immer um den einzelnen Menschen. Es geht ihm um das Heil des Individuums. Wenn ich Jesus zusehe und zuhöre, erkenne ich unschwer: Vom Menschen her, von jeder Frau und jedem Mann her, denkt er seine Vision vom Reich Gottes. Wie Eltern, wie gute Vorgesetzte weiß er: Um ein Ganzes zu formen, brauche ich alle. Jede und jeder zählt. Niemand darf verloren gehen.

So ist es auch mit dem Ganzen von Welt. Der lebendige und vielgestaltige Organismus Schöpfung kann nur dann zum Reich Gottes werden, wenn alle mitmachen, wenn jede und jeder seine Begabungen und Hoffnungen einbringt.

Der Mensch soll ganz Mensch werden. Das ist die große Sehnsucht Gottes. Das wird in Jesus offensichtlich. Ich finde es erstaunlich und berührend, mit wie viel Liebe und Geduld er uns Menschen anspricht, uns immer wieder Möglichkeiten gibt, zu wachsen, uns zu entwickeln. Gottes Liebe geht sogar so weit, dass wir auch dann umkehren und neu beginnen dürfen, wenn wir den Weg verlassen oder verloren haben. Gott gibt uns alle Chancen.

Ich kann mich daran nicht gewöhnen. Es bewegt mich tief, wie Jesus jemanden wie Bartimäus liebevoll fragt: *„Was willst du, dass ich dir tue?"* Ihn, den an den Rand Gedrängten, den Marginalisierten, ihn nimmt Jesus wahr. Jesus sorgt und kümmert sich. Bartimäus ist für Jesus wichtig. Jesus begegnet ihm, wie es ein guter Arzt tut. Er hört gut hin, er interessiert sich für die konkrete Situation des Bartimäus. Also interessiert sich Jesus für jeden Menschen. An keiner Stelle sagt Jesus: „Komm, sag nix, ich weiß genau, was gut ist für dich!" Jesus stülpte den Menschen kein Konzept über. Er hatte nie die fertige

Antwort. Er hatte weder einen Katechismus noch ein Pastoralkonzept.

Das widerspricht in vielem völlig dem, was wir in unserer kirchlichen Praxis tun! Bei uns überlegen meistens theologische und katechetische Fachleute, wie jemand in den Glauben eingeführt werden kann, auf welche Weise man sich auf ein Sakrament vorbereiten sollte und was für Inhalte dabei wohl wichtig sind. Auch wenn das in bester Absicht und mit viel Herzblut und Kompetenz geschieht: Ich habe nicht das Gefühl, dass das der Stil von Jesus ist. „Was brauchst du? Wer bist du und wo stehst du in deinem Leben?" Jesus würde so fragen: „Was ist der nächste Schritt in deinem Leben, auf deinem Glaubensweg, auf deinem Weg zum Heil und damit zu Gott?"

Jesus lässt frei! Weil er sein Gegenüber ernst nimmt. Und weil er auf die inneren Ressourcen von jeder und jedem vertraut. Jeder Mensch weiß in seinem tiefsten Herzen, was gut wäre und wohin er sich eigentlich entwickeln möchte. Da setzt Jesus an. Er bestärkt die Menschen in ihrer Eigenständigkeit. Er fördert freie, entschiedene Mündigkeit. Nur so geht Liebe! Und im Endeffekt geht auch nur so Glauben (Nachfolge)!

Jesus verlangt keine Unterwerfung und übt keine Kontrolle aus. Jesus lässt sich sogar korrigieren und verändern. Im Gespräch mit der kanaanäischen Frau (Mt 15,21–28) lässt er sich auf eine offene Diskussion ein. Die Frau kann Jesus überzeugen. „Auch ich bin ein Geschöpf Gottes. Auch ich kann auf meine Art eine Antwort auf den Anruf Gottes, auf die Begegnung mit ihm geben." Das überzeugt. Jesus muss ihr Recht geben.

„Frau, dein Glaube ist (wider mein Erwarten) *groß! Es soll dir geschehen, wie du willst."* Jesus ist vom Glauben und vom

Vertrauen dieser Frau beeindruckt. Für Jesus steht der einzelne Mensch im Mittelpunkt. Der Einzelne soll Subjekt werden. Deshalb geht Jesus zu den Menschen und ist zuerst einfach mal da. Absichtslos und unvoreingenommen lässt er sich auf die Lebenswelt der Menschen ein. Gott fördert durch Jesus Entwicklung. Und bleibt so dynamischer Antreiber einer allumfassenden Evolution.

Das heißt einiges für das, was wir heute landläufig unsere Mission nennen. Ich befürchte, viele denken bei Mission sofort und ausschließlich an Eingliederung in die Kirche. Flapsig gesagt: Die Mission soll dazu dienen, die Kirche wieder voll zu machen.

Volle Kirchen sind schön, keine Frage. Aber wenn wir auf Jesus schauen, sehen wir immer etwas Zweifaches. Zum einen beruft Jesus Menschen als seine Schülerinnen und Schüler. Die Erzählungen von den Berufungen am Seeufer und am Zoll sind uns geläufig. Es gibt sie, diese entschiedene und alles hinter sich lassende Nachfolge.

Das ist aber nicht alles und nicht das Einzige. Es gibt daneben offensichtlich noch andere Formen von Zugehörigkeit, von Berufung und Eingliederung ins Reich Gottes. Denn ein erstes und grundlegendes Interesse von Jesus gilt ja den Menschen und dem, was für sie jetzt dran und möglich ist. Der Blinde, der Taube, die Aussätzigen, die nach Liebe und Aufmerksamkeit suchende Frau am Jakobsbrunnen: Jesus wendet sich zu diesen Menschen hin. Er spricht ihnen Heil zu. In religiöser Fachsprache können wir sagen: Jesus schenkt ihnen Gnade. Und diese Gnade ist auch immer das Geschenk der Freiheit. *„Steh auf und geh! Dein Glaube hat dich gerettet"* (Lk 17,19, Mk 10,52). Es geht Jesus in solchen Situationen nicht um Eingliederung in den Kreis der Schülerinnen und Schüler. Es geht ihm nicht um das Füllen der Kirche und um den Erhalt der Institution.

Jesus will nicht mehr und nicht weniger, als dass diese Menschen Leben in Fülle erfahren. Das sagt er den Vielen zu: den Trauernden, den Sanftmütigen, denen, die hungern und dürsten nach Gerechtigkeit, den Barmherzigen, denen, die reinen Herzens sind. Er sagt es den Friedlichen, den Verfolgten, den Geschmähten und überhaupt allen, denen aus irgendeinem Grund böse mitgespielt wird (Mt 5,1–12).

Jesus ist mitten unter den Menschen. Er teilt ihr Leben. Mission muss damit heute ein anderes Wort für die Art und Weise sein, wie sich Gott in der Person des Jesus von Nazareth der Welt und den Menschen zuwendet: Aufmerksam und respektvoll, dienend und liebend.

Jede und jeder von uns soll die und der werden, den Gott sich gedacht hat, als er uns ins Leben eingeladen hat. Wir sollen unsere Würde entdecken und unsere Gaben und Fähigkeiten entfalten. Wir sollen gesegnet sein und so zum Segen für andere und die ganze Schöpfung werden. Wir sollen uns entwickeln können, lernen, in die Beziehung zu Jesus hineinwachsen, ihm mit unserem Sein und Tun immer ähnlicher werden.

Darin sehe ich den Wert meines Lebens und allen Lebens: Mit Christus zu leben und ihm nach Möglichkeit immer ähnlicher zu werden. Und nicht zu verzweifeln, wenn ich auf dem Weg mal wieder stolpere; mich dann wieder aufrichten lasse von seinem Wort. Das, meine ich, könnte der Sinn des Lebens sein: ihn kennenlernen – immer besser – und mich von ihm formen lassen. Gern möchte ich das versuchen, nicht als Einzelgänger, sondern gemeinsam mit anderen. Die Welt ist voller exzellenter und vorbildhafter Menschen. Da kann ich mich still und demütig einreihen und anschließen. Mit ihnen allen und mit Gottes Froher Botschaft kann ich mich Schritt für Schritt weiterentwickeln – ihm entgegen.

Ich lerne:

- Dass der Mensch ganz Mensch wird und Leben in Fülle findet, das ist Gottes große Sehnsucht.
- Gott freut sich am Guten und leidet am Bösen.
- Christinnen und Christen dürfen sich konsequenterweise in Gottes Sorge um die Schöpfung hineinnehmen lassen und dem Leben dienen.

A.4. „Du hast es gewusst!" Gott ist Leidenschaft!

Ich würde etwas übersehen oder gar bewusst verschweigen, würde ich nicht zugeben, dass ich bei Gott auch noch eine andere Seite finde. Gott ist sehr leidenschaftlich. Das ist ja typisch für Liebende. „*Eifersüchtig*" wird Gott auch genannt (2 Mose 20,5, Jos 24,19). Und er ist „*verzehrendes Feuer*" (5 Mose 4,24).

Auch Jesus verkündet Gott als „streng". Das dürfen wir nicht übersehen. Dabei geht es aus meiner Sicht nicht um Moral und Strafe. Gott ist weder Buchhalter noch Erbsenzähler. Es geht Gott vielmehr um konsequentes Handeln. Lebe das, was du verstanden hast. Das Evangelium soll umgesetzt werden, eindeutig, wahrhaftig, mit ganzer Kraft und letzter Konsequenz. „*Eure Rede sei: Ja ja, nein nein; was darüber hinausgeht, stammt vom Bösen*" (Mt 5,37).

So deute ich auch die Begegnung zwischen Jesus und dem jungen Mann in Mt 19,16–26. Der will zwar ein bisschen dabei sein. Dazu hält er die Gebote. Aber er will dann doch nicht alles geben. Er hat *„ein großes Vermögen"* und davon möchte er noch ein bisschen für sich behalten, in der Hinterhand quasi. So ein bisschen Gott und Jesus ist ganz o. k. Aber übertreiben möchte man ja nicht.

Die Reaktion von Jesus ist harsch: „So geht das nicht", sagt er sinngemäß. *„Leichter geht ein Kamel durch ein Nadelöhr, als dass ein Reicher in das Reich Gottes gelangt."* Achtung: Da geht es nicht zuerst um materiellen Reichtum. Es geht vielmehr um die Frage: „Was bin ich bereit, Gott zu geben? Setze ich ganz auf ihn und in Konsequenz dann auch alles für ihn ein? Oder behalte ich noch etwas für mich?" Darum geht's: Traue ich Gott oder traue ich ihm nicht? Ja oder Nein? Alles andere hole der Teufel!

Das sitzt! Auch so ist Gott. Das dürfen wir nicht ausblenden und schon gar nicht verschweigen. Zu Recht sind die Jünger konsterniert. Sie merken: Da geht es ja nicht um diesen einen Mann. Nein, das geht sie, das geht uns alle an! *„Wer kann dann noch gerettet werden?"* Die Frage ist rein rhetorisch, denn die Antwort liegt auf der Hand: *„Für Menschen ist das unmöglich, für Gott aber ist alles möglich."*

Es lohnt sich also definitiv, alles auf Gott zu setzen. Weil dann alles möglich ist. Und es rechnet sich ganz und gar nicht, zu zögern und zu zaudern und noch eine Restsicherheit in der eigenen Hand behalten zu wollen. Das *„stammt vom Bösen"*. Dieser Anspruch Gottes gilt nicht nur mir, sondern auch einer Kirche, die im 21. Jahrhundert nach ihrem Weg sucht. Setzen wir ganz auf Gott und in Konsequenz dann alles für ihn ein? Oder scheuen wir das Risiko? Ja oder Nein?

„Für Gott ist alles möglich." Das bedeutet doch mehr, als dass wir nur eine vage Hoffnung auf Rettung hätten. *„Für*

Gott ist alles möglich." Das heißt auch: Gott hat schon alles gegeben. Gott hat alles bereitgestellt. Erkenne es, setze es ein, riskiere das Evangelium!

Für mich besonders prägend ist das Gleichnis in Mk 25,18–30. Gott hat uns sein ganzes Vermögen schon gegeben. Er hat es uns anvertraut, damit wir etwas daraus machen. Wir sind von Gott reich beschenkt: mit Leben, mit Elan, mit Interessen und mit Möglichkeiten, uns zu bilden und zu entwickeln. Wir sind als Kirche reich beschenkt, mit starkem Glauben, mit vielen Menschen, die so manches vermögen. Wir sind beschenkt, mit materiellem Wohlstand, mit staatlichen Privilegien – auch noch mit gesellschaftlicher Relevanz (noch!).

Und wir sollen – das ist eindeutig – etwas daraus machen. Das ist keine Option, es ist ein Muss. Gott ist, wenn wir nicht alles geben, wenn wir absichtlich unter unseren Möglichkeiten bleiben, sehr streng! Dann ist er leidenschaftlich, eifersüchtig, verzehrendes Feuer! Vor diesem Gott habe ich großen Respekt. Ja, diesen Gott fürchte ich. Noch einmal: Gott ist kein Despot. Gott will uns nicht knechten. Darum geht es nicht. Gott muss nicht Menschen kleinhalten, damit er sich groß weiß. Wir können umgekehrt mit unserem Tun Gottes Größe auch nicht steigern. Und wir können – Gott sei Dank – seine Größe mit unserem Nichtstun auch nicht schmälern.

Nein, es geht Gott um etwas ganz anderes: Wir sollen als Menschen ganz die werden, die er sich gedacht hat, als er uns ins Dasein rief. Wir sollen ganz Mensch werden in unserer ganzen Einmaligkeit, unserer ganzen Würde und mit allem, was uns ausmacht. Darum geht es Gott. Es geht ihm um den Respekt – vor ihm und vor dem Geschenk des Lebens, das er uns gemacht hat.

Dem zu dienen, daran sollen wir alles setzen. Und dazu sollen wir alles einsetzen. Es geht ja nicht nur um uns persönlich. Es geht immer um das Ganze. Es geht um alle Menschen, um die ganze Schöpfung. Die ganze Schöpfung soll Gott erkennen, ihn anbeten und ihm zujubeln. Das ist unsere Bestimmung, das ist unser Auftrag. Gott ruft uns, daran mitzubauen. Und das sollten wir nicht ignorieren. Und das dürfen wir nicht vermasseln.

Zu allen Zeiten waren Menschen und war die Kirche versucht, diesen Anspruch zu relativieren, zu nivellieren und mit dem Lack der jeweiligen Tradition zu übertünchen. Das Motto: Es kann halt nicht alles so heiß gegessen werden, wie es das Evangelium verkündet.

Da liegen wir aber wohl schief. Und da sollten wir wachsam sein. Um unseretwillen, aber auch um der Menschen und der Schöpfung willen. Denn es hängt immer alles zusammen. Alles ist vernetzt und ineinander verwoben. Wir tragen Verantwortung.

In jeder Hinsicht motivierend, begleitet mich in meiner Leitungsaufgabe die Regel des hl. Benedikt. Dort heißt es über den Abt: *„Er bedenke stets, welche Bürde er auf sich genommen hat und wem er Rechenschaft über seine Verwaltung ablegen muss"* (RB 64,7). *„Wem viel gegeben wurde* (Glaubenskraft, Macht, Einfluss, Wohlstand etc.)*, von dem wird viel zurückgefordert werden, und wem man viel anvertraut hat, von dem wird man umso mehr verlangen"* (Lk 12,48). Das gilt auch für die Kirche.

Da ist er nämlich, der leidenschaftliche, der strenge, aber auch gerechte Gott. Zu Recht erwartet er etwas von mir. Ich soll meine Möglichkeiten nutzen und meine Talente einsetzen. Ich darf nichts zurückhalten, muss alles einbringen. Es geht ja nicht nur um mich, es geht um alle und alles!

Deshalb muss ich in allem, was ich mache, sehr gut sein! Gott wird einmal Rechenschaft darüber verlangen. Das ist nur logisch und konsequent. *„Der Abt muss sich sehr darum sorgen und mit Gespür und großem Eifer danach streben, dass er keines der ihm anvertrauten Schafe verliert* (RB 27,5)." Voilà, liebe Kirche!

Auch wenn wir uns heute nicht mehr gern mit Schafen vergleichen, heißt das für mich und meine Arbeit: vollen Einsatz, alles geben, exzellent arbeiten, nichts unversucht lassen, Rückschläge wegstecken, an Misserfolgen wachsen.

Gott hat mir und uns viel, ja alles gegeben. Und ich würde das Ziel meines Lebens verfehlen und dem Sinn der Welt nicht dienen, würde ich hier nicht hundert Prozent geben. Es wird Zeit, dass wir das als Einzelne und als Kirche einsehen und das Evangelium wagen – vorbehaltlos und mit ganzer Kraft, mit großer Hoffnung und viel Vertrauen. Alles andere hole der Teufel.

Ich lerne:

- Gott beschenkt jede und jeden mit einem wachen Herzen und konkreten Talenten.
- Gott hat die Hoffnung und Erwartung, dass wir uns mit unseren Gaben einbringen.
- Wer reich beschenkt ist, muss auch viel einbringen.
- Wir sollten Gottes Leidenschaft für das Leben, besonders für das schwache und bedrohte, immer vor Augen haben.
- Die Leidenschaftlichkeit Gottes motiviert mich, in allem mein Bestes zu geben.

B. „Lernt von mir!"
Wie Jesus den Stil vorgibt

Ich erinnere mich gut: Nach einem Sonntagsgottesdienst stand sie da. Wütend hielt sie mir vor: „Sie haben ein Sendungsbewusstsein!" Was war passiert? Ich hatte in der Predigt das aus meiner Sicht inkonsequente Verhalten eines Regierungsvertreters kritisiert. Das wiederum hatte sie (seine Parteikollegin!) gehörig auf die Palme gebracht. Dass ich dann vorschnell, weil verdutzt, antwortete: „Schön, wenn Sie meine Sendung spüren", trug leider nicht zur Beruhigung der Situation bei. Schon am nächsten Tag veröffentlichte die Lokalzeitung ihren Leserbrief, in dem sie der Kirche (in diesem Fall mir!) vorwarf, sich in gesellschaftliche und damit „politische" Themen einzumischen.

Dass Christen eine Sendung haben, eine Mission, einen Auftrag, scheint heute nicht wenige zu erstaunen. Das finde ich wiederum erstaunlich. Weil Christsein, will es lebendig sein, ja immer Kopf, Herz und Hand braucht. Weil Jesus eben nicht nur gepredigt, sondern auch gehandelt hat. Weil er seine Meinung sagte. Und weil er deshalb auch mal anstößig war. Ich befürchte, wir haben uns so an unser Christsein, wir haben uns so an die Erzählung von Jesus gewöhnt, dass wir die Sprengkraft, die darin steckt, selbst als wohlmeinende Kirchgänger:innen kaum mehr spüren.

Was aber, wenn wir den revolutionären Stil von Jesus wiederentdecken? Dann kommt plötzlich Bewegung in die Sache. Dann wird es in unseren Gemeinden, in der Kirche und auch in der Gesellschaft auf gute Art quirlig.

Denn dass eine entschiedene und konsequente christliche Sendung gehört und ernst genommen wird, das zeigen uns die Reaktionen – und seien sie dann und wann auch kritisch.

Übrigens: Mit dem von mir kritisierten Regierungsvertreter entstand ein anhaltend guter Dialog. Ich hatte ihn bereits im Vorfeld der Predigt über meine Kritik informiert. Wir lernten einander danach noch besser kennen. Wir schätzen uns bis heute und haben seitdem immer mal wieder kooperativ zusammengearbeitet. Nicht nur hier habe ich die schöne Erfahrung gemacht, wie wichtig und wie wirksam eine gute Vernetzung und ein wertschätzender Dialog sind.

Gelernt habe ich aber noch mehr aus der Kritik: Dass nämlich selbst gut gemeinte kirchliche Äußerungen schnell einmal als von oben herab wahrgenommen werden können. Leute können das in den falschen Hals bekommen. Sie empfinden kirchliches Reden dann als lieblos. Weil es wohl zu mächtig rüberkommt. Gerade Predigten und Schriften sind ja auf eine Art Einbahnstraßen-Kommunikation. Es fehlt die Möglichkeit zum adäquaten Antworten, zum Dialog, zum Widerspruch. Dann machen Menschen innerlich schnell zu. Sie hören gar nicht mehr hin. Sie schalten ab und auf stur. Weil in ihnen altbekannte Muster aufpoppen. Eine Kirche von oben, die hatten wir schon. Das kennen wir zur Genüge. Besserwisserei ohne eigenen Leistungsausweis. Andere unbekannterweise abkanzeln, und das gleich im doppelten Sinn des Wortes. Genau das darf es nicht sein. Darum darf es in keinem Fall gehen. Denn erstens: Es ist nicht unser Auftrag, andere zu beurteilen und zu klassifizieren. Wir sind keine Funktionäre und auch kein Rat der Weisen. Wir sind selbst eine Gemeinschaft von Suchenden. Wir sind normale Bürgerinnen und Bürger, die sich, motiviert durch Gott, für das Ganze der Welt interessieren. Wir sind Menschen, die sich am Leben erfreuen und die sich, aus Freude am Leben, um dieses Leben sorgen.

Andere abzukanzeln, darum darf es auch zweitens nicht gehen, weil wir gerade aus unserer jüngsten Geschichte heraus schwer belastet und besudelt sind. Der Machtmissbrauch in verschiedenster und zum Teil schlimmster Form gehört eben leider (noch) zur DNA unserer Kirche! Fest steht: Als Kirche, als Christinnen und Christen steht uns Demut gut zu Gesicht! Weil wir alle fehlbar sind, „Sünderinnen und Sünder", wie Papst Franziskus es nennt. Weil der Glaube an Gott und die Hoffnung auf ihn uns eben nicht davor feien, Unrecht zu tun und Gottes Ansprüchen auf vielen Ebenen nicht zu entsprechen.

Und dennoch und trotzdem müssen wir nicht schweigen. Das geht ja auch nicht! Denn was einem wichtig und heilig ist, davon möchte man erzählen. Wovon das Herz voll ist, davon spricht der Mund. Denken Sie nur an den 1. FC Köln. Oder anders: Wenn ich ein schönes Ausflugsziel entdeckt habe, gebe ich den Tipp gerne an meine Freunde weiter.

Und weil ich einen guten Osteopathen kenne, empfehle ich auch diesen ganz selbstverständlich weiter. Ich tue das nicht etwa, weil ich gesund bin, unbeugsam, immer aufrecht. Ich empfehle meinen Osteopathen, weil ich im Gegenteil selbst schwach bin. Ich habe viele Schwachstellen. Mein Rücken ist so eine, der zwickt immer mal wieder und schmerzt. Mein Rücken macht mir oft das Leben schwer. Ich erlebe mich dann als „Kranken". Ich brauche Heilung (Mt 9,12f). Und in ebendieser Haltung des Hilfebedürftigen kann ich denen, die Hilfe suchen, authentisch die Quelle nennen, aus denen ihnen Linderung oder gar Heilung entspringen könnte. Das nenne ich Mission, Nachfolge im Sinn von Jesus: Miteinander nach dem Heil zu suchen, nach Gott, der Quelle meines und vielleicht auch deines Lebens.

Wie ist das bei Ihnen? Haben Sie es auch mit dem Rücken? Oder mit dem Nacken oder der Hüfte? Das sind inzwischen klassische Zivilisationskrankheiten. Wie auch immer. Sie wissen wahrscheinlich so gut wie ich: Vieles, Gutes und Schlechtes, Richtiges und Falsches, hängt von der eigenen Haltung ab. Die richtige oder falsche Haltung entscheidet so manches und manchmal alles. So ist es auch im Glauben, in der Nachfolge auf dem Weg mit Jesus, im Leben der christlichen Gemeinden, in der Kirche. Das habe ich manchmal leidvoll und oft froh erfahren und lernen dürfen. Darum möchte ich im Folgenden dazu einladen, dass wir aus dem, was wir im Evangelium entdeckt haben, konkrete Haltungen ableiten.

B.1. Sieben Haltungen für ein frohes und erfolgreiches Arbeiten in der Gemeinde

B.1.1. Glauben Sie Gott!

Jesus hat es gesagt: *„Ich werde euch nicht als Waisen zurücklassen, ich komme zu euch"* (Joh 14,18). Er hat versprochen: *„Siehe, ich bin mit euch alle Tage bis zum Ende der Welt"* (Mt 28,20). Ehrlich, das sollten wir ihm unbedingt glauben! Sonst wäre doch auch alles nichts. Sonst könnten wir einpacken und dieses Buch hätte nie geschrieben werden müssen. Auf dem Glauben daran, dass Gott zu jeder Zeit da ist, ruht alles: die Kirche, die Verkündigung des Evangeliums und auch mein eigener kleiner Versuch, Jesus nachzueifern.

Umso verwirrender ist es, wenn ich aus („frommen") Kreisen der Kirche die Klage höre, die Welt sei gottlos geworden. Ernsthaft? Das kann nicht sein! Das lese ich in der Bibel definitiv anders! Nein, das Jammern über eine gottlose Welt macht einen nicht nur lahm und traurig, es ist schlichtweg falsch. Weil es dem Evangelium keinen Glauben schenkt. Weil es das Gegenteil von Froher Botschaft ist.

Nein, Gott ist in der Welt! Darauf verlasse ich mich. Während wir anderen von Gott erzählen, müssten wir uns gleichzeitig immer auch selbst hinterfragen, inwiefern wir denn diesem Gott glauben. Wir Kirchenleute sollten zuerst selbst mal glauben, was er uns gesagt hat: Er war schon vor dem Anfang da. Er ist heute da und wird es morgen sein – hier und überall. Den gottverlassenen Winkel, es gibt ihn nicht!

Wobei ich zugebe, dass ich das Jammern oft auch nachvollziehen kann. Weil Gott für mich nicht immer spürbar ist. Weil auch ich oft genug lebe, als ob es ihn gar nicht gäbe. Aber das ist etwas anderes! Da gilt es zu unterscheiden. Wenn ich lebe, als ob es Gott nicht gäbe, dann ist die Welt noch lange nicht gottlos. Und dann bin auch ich trotzdem nicht gottverlassen. Denn in meiner Taufe hat er mir versprochen, für alle Zeit bei mir zu sein.

Ja, ich gebe zu, Gott zu glauben, dass er da ist, ist eine tägliche Herausforderung. Die will wieder und wieder angegangen sein. Dass Gott da ist, ist aber nicht nur eine Glaubenssache. Es ist und bleibt vor allem eine wunderbare Zusage an uns. Und diese Zusage darf ich mehr und mehr in mein Herz hineinlassen.

So berührend und so tröstend finde ich in diesem Zusammenhang das Zeugnis, das Alfred Delp mit gefesselten Händen 1944 in der Todeszelle in Berlin-Plötzensee auf ein Stück Papier kritzelte. Da schreibt er kurz vor seinem Tod: *„Das eine ist mir so klar und spürbar, wie selten: Die Welt ist Gottes so voll. Aus allen Poren der Dinge quillt er gleichsam uns entgegen. Wir aber sind oft blind. Wir bleiben in den schönen und bösen Stunden hängen und erleben sie nicht durch bis an den Brunnenpunkt, an dem sie aus Gott herausströmen. Das gilt für alles Schöne und auch für das Elend. In allem will Gott Begegnung feiern und fragt er und will die anbetende, hingebende Antwort. Die Kunst und der Auftrag ist nur dieser, aus diesen Einsichten und Gnaden dauerndes Bewusstsein und dauernde Haltung zu machen und werden zu lassen. Dann wird das Leben frei in der Freiheit, die wir immer gesucht haben"* (Alfred Delp, „Aufzeichnungen aus dem Gefängnis").

Freiheit und Leben, genau das möchten wir doch erlangen, indem wir Gott glauben. Die Welt ist voll von Gott! Also lasst ihn uns suchen und entdecken! Diese Haltung macht den Unterschied! Sie verändert Entscheidendes, sie erfüllt uns mit Optimismus und sie entlastet!

Wenn nämlich Gott immer schon in der Welt und demnach auch bei den Menschen ist, dann muss nicht ich ihn zu den Menschen bringen! Das wäre, nebenbei bemerkt, auch ziemlich arrogant; zu behaupten: „Ich bringe euch jetzt Gott." Und es wäre eine Überforderung zugleich. Denn was, wenn ich das nicht schaffe?

Nein, für mich hat das Vertrauen in Gottes Dasein mein Menschenbild geändert. Ich muss jetzt niemandem (wirklich keinem!) mehr Gott absprechen! Ich brauche Menschen nie mehr abzuwerten als Weihnachtschristen. Ich muss den Eltern unserer Erstkommunionkinder nicht das Etikett der Glaubensferne anheften.

All diese negativen Konnotationen, die brachten so viel schlechte Energie und kosteten mich so viel Kraft. Das fällt jetzt alles weg! Weil es nicht stimmt. Weil es mich geistlich und geistig auf einen Irrweg geführt hat. Ich kann das jetzt lassen.

Mich beeindruckt: In Mk 7,24–30 begegnet Jesus einer Syrophönizierin. Der Text bezeichnet sie als „Heidin". Und doch heilt Jesus ihre Tochter. Auch diese Frau hat einen Glauben! Und Jesus wendet sich ihr liebevoll zu. Wenn Jesus das kann, dann kann ich das doch auch versuchen: Bei denen, wo ich keinen Glauben vermute, die Sehnsucht suchen. Die Sehnsucht nach Liebe, nach Hoffnung, nach Annahme, Heil und Erfüllung. Die (ungenannte) Sehnsucht nach Gott.

Die haben Menschen auch heute! Ich denke an einen guten Bekannten. Nennen wir ihn Claude. Als ich ihn kennenlernte, war er in leitender Position bei einer Schweizer Großbank. Unsere ersten Themen drehten sich um Fußball. Dass „einer von der Kirche" da ein bisschen mitreden konnte, freute ihn. Aus einem losen Kontakt entstanden bald einmal Glaubensgespräche. Obwohl Claude bis heute kein Kirchgänger ist, liest er beinah täglich in der Bibel und versucht, seinen anspruchsvollen beruflichen Alltag mit der Botschaft von Jesus in Einklang zu bringen. Ich bin sicher, sein Glaube hat ihm und anderen dabei schon so manches Mal geholfen.

Für mich ist dieses Wissen entlastend und motivierend zugleich. Wenn Gott immer schon bei den Menschen ist, dann ist grundsätzlich alles gut. Dann ist Glauben gar nicht so schwer und gar nicht so kompliziert. Dann kann ich unbelastet und unverkrampft mit Menschen unterwegs sein. Ich kann mit ihnen zusammen ihrer individuellen Sehnsucht nach gutem Leben nachgehen. Ich kann sie unterstützen und mit ihnen zusammen die richtigen Fragen formulieren: „Passiert da gerade etwas zwischen Gott und dir? Wie nähert sich dir Gott? Welchen Weg wählt Gott, um bei dir anzukommen? Und zu was möchte er dich führen?"

Und ich kann sogar noch weiter fragen, angstfrei, auch in Bezug auf mich selbst und auf die Sozialgestalt meiner Kirche. Ich muss nicht länger gelähmt steckenbleiben im gefühlten Niedergang. Ich kann auch hier neugierig überlegen: „Wohin ruft mich Gott denn jetzt und heute? Was heißt denn das, wenn das Setting meiner bisherigen Gemeindepastoral plötzlich ganz oder teilweise bröckelt? Was will Gott mir sagen, wenn andere mich und meine Stellung in der Kirche infrage stellen? Wohin will Gott mich führen, wenn ich jetzt pointierter als bisher hinterfragt und herausgefordert werde? Wo und wie lädt Gott mich ein, umzudenken und neue Wege zu gehen im Vertrauen, dass er sie immer auch mit mir geht?"

Zu wissen, dass Gott da ist, ist eine Basishaltung, die gar nicht selbstverständlich ist. Sie gibt mir aber viel Vertrauen und zugleich eine große Gelassenheit. Es kommt auf mich an. Aber es hängt vor allem von Gott ab.

B.1.2. Denken Sie groß!

Denken wir das jetzt mal weiter! Die Welt ist voll von Gott! Kleiner macht Gott es nicht! Wenn Gott also in der Welt und bei den Menschen ist, dann müsste er ja auch bei

Nichtchristen sein. Im ersten Reflex denken wir: „Nein, das geht ja nicht!" Aber warum denken wir so? Was motiviert uns zu dieser Abwehrhandlung? Verteidigen wir hier Gott? Das müssen wir nicht! Gott passt selbst auf sich auf. Oder verteidigen wir die Institution Kirche und damit eigentlich unsere eigene Macht und Deutungshoheit? Das wäre verständlich und dennoch unlauter. Wir würden Gott und die Welt kleiner machen, als sie sind.

Was aber wäre, wenn alles tatsächlich noch größer und noch umfassender ist, als ich dachte? Was ist zum Beispiel mit den Menschen, die sich in meiner Heimatstadt, Ahrweiler, so aufopferungsvoll um die Opfer der Flutkatastrophe kümmern? Das sind Menschen, die der Himmel geschickt hat. Ich habe es selbst erlebt: Als meine Familie und ich schlicht und einfach nicht mehr weiterwussten. Als ich im Matsch weinend und verzweifelt vor den Trümmern unserer Heimat und meiner Kindheit stand, da waren plötzlich Engel da. Wie kam das und wo kamen die her? Ich kann es nicht wirklich erklären. Ich kann nur staunen.

Und weiter gefragt: Was ist mit den Menschen, die sich in unserer Gemeinde während des Corona-Lockdowns so rührend und kreativ um ihre Nachbarinnen und Nachbarn gekümmert haben? Was haben wir gestaunt! Waren das nicht auch Engel? Und was ist eigentlich mit denen, die sich länger schon engagieren für Flüchtlinge und Randständige? Was ist mit all jenen, die sich selbstlos sorgen, um Alte, um Pflegebedürftige und Alleinstehende? Und was ist mit den unzähligen Mitarbeiter:innen bei den Tafeln, in den Hospizen, in der Telefonseelsorge!

Das ist doch auffällig: Während wir Kirchen gerade den angeblich schwindenden Glauben der Menschen betrauern, engagieren sich zeitgleich in unserer Gesellschaft so viele Ehrenamtliche und Freiwillige wie nie zuvor! Das muss uns zu denken geben. So viele Menschen mit so viel gutem Willen! Was ist mit denen?

Für mich heißt das: Es gibt auch außerhalb des Christentums und abseits unserer christlichen Kerngemeinden Menschen, denen es ein Herzensanliegen ist zu dienen, Gutes zu tun und damit deutlich zu machen, dass die Liebe stärker ist als der Tod. Es sind Menschen, die österlich leben – ob es ihnen bewusst ist oder nicht.

Das sage nicht nur ich. Von diesen Menschen spricht auch das Zweite Vatikanische Konzil, wenn es formuliert: *„Das gilt nicht nur für die Christgläubigen, sondern für alle Menschen guten Willens, in deren Herzen die Gnade unsichtbar wirkt (31). Da nämlich Christus für alle gestorben ist (32) und da es in Wahrheit nur eine letzte Berufung des Menschen gibt, die göttliche, müssen wir festhalten, dass der Heilige Geist allen die Möglichkeit anbietet, diesem österlichen Geheimnis in einer Gott bekannten Weise verbunden zu sein"* (Gaudium et Spes 31+32).

Und staunend und ehrlich bewundernd formuliert das Konzil weiter: *„Solcher Art und so groß ist das Geheimnis des Menschen, das durch die christliche Offenbarung den Glaubenden aufleuchtet."*

Ich mache es an einem Beispiel konkreter: In einer unserer Besuchsgruppen gibt es eine Frau, die nie zum Glauben gefunden hat. Sie ist noch in der DDR geboren. In ihrem Umfeld gab es keine Gläubigen und über die Kirchen wurde nicht gut gedacht. Jetzt engagiert sie sich trotzdem in der Besuchsgruppe: „Weil es gut ist und wichtig."

Wenn in der Gruppe gebetet wird und das Evangelium zur Sprache kommt, dann hört sie zu, sensibel, oft auch kritisch hinterfragend. Auch diese Frau lebt Evangelium! Und sie tut das sicher nicht weniger als mancher „fromme" Kleriker. Auch diese Frau ist ein Teil von Gottes Vision, von seinem Plan mit der Welt. Ich glaube fest daran, dass Gott in ihr wirkt und dass er durch sie ganz viel bewirkt.

Die Welt ist so groß, weil Gott der Größte ist. Also versuchen wir es doch: Lasst uns groß denken! Das heißt dann: seien wir bloß nicht kleinlich und schon gar nicht engherzig. *„Keiner, der in meinem Namen eine Machttat vollbringt, kann so leicht schlecht von mir reden"*, sagt Jesus. Und: *„Denn wer nicht gegen uns ist, der ist für uns"* (Mk 9,39f).

So viele Menschen arbeiten längst schon für das Reich Gottes. Kommt uns das nicht bekannt vor? Im Matthäusevangelium erzählt Jesus von Menschen, die den göttlichen Richter am Ende fragen: *„Wann haben wir dich hungrig gesehen und dir zu essen gegeben oder durstig und dir zu trinken gegeben? Und wann haben wir dich fremd gesehen und aufgenommen oder nackt und dir Kleidung gegeben? Und wann haben wir dich krank oder im Gefängnis gesehen und sind zu dir gekommen?"*

Vielleicht sind das eben genau diese unsere Zeitgenossen! Vielleicht haben sie Jesus in ihren Nächsten nicht erkannt, das mag sein. Aber sie dienen ihm. Und das ist doch das Wichtige! *„Wer nicht gegen uns ist, der ist für uns."* Und vielleicht wird Jesus am Ende der Zeit eben nicht nur uns Etablierten, sondern explizit auch ihnen auf ihr erstauntes Fragen antworten: *„Amen, ich sage euch: Was ihr für einen meiner geringsten Brüder (und Schwestern) getan habt, das habt ihr mir getan"* (Mt 25,31–40).

Ich wünsche mir das und ich glaube daran. Und das macht mich froh! Das macht alles groß und weit! Das eröffnet mir viel Spielraum. Ich muss mich jetzt nicht mehr religiös oder gar konfessionell profilieren und abgrenzen.

Man kann es ja nicht oft genug sagen: Es geht ja nicht um uns! Es geht nicht um mich als Hauptamtlicher in der Kirche. Es geht nicht um meine Stellung, meine Position, meine Rechte, meine Deutungshoheit. Und es geht auch nicht um die Kirche, um ihre aktuelle Sozialgestalt und um ihren Selbsterhalt. Es geht einzig darum, dass so viele Menschen wie möglich das Evangelium, Gottes Vision von der Welt, umsetzen helfen oder nicht!

Wie wäre es, wenn wir alle ab jetzt andersherum denken würden? Wir haben nicht etwa einen Verlust an Evangelium zu beklagen. Nein, es gab im Gegenteil noch nie so viele Menschen, die im Sinne des Evangeliums tätig waren! Klar, es wäre schön, wenn sie das explizit im Namen Gottes und seiner Gemeinde am Ort machen würden. Es wäre schön, wenn sie sich in den festen Kern unserer Gemeinden eingliedern würden. Aber sie tun es nicht – oder noch nicht. Warum das so ist und ob das nicht vor allem mit der Außen- und Innendarstellung unserer Kirche zu tun hat, dass soll an anderer Stelle diskutiert werden.

Mir reicht fürs Erste anzuerkennen: Sie leben Evangelium! Die einen bewusst, andere unbewusst. Viele Menschen leben das Evangelium! Das ist mehr als ein guter Anfang. Sie alle werden nämlich durch ihr Tun selbst zu einer Frohen Botschaft. Sie sind – bekennend oder unerkannt – Zeug:innen für Gottes Geist und sein Wirken unter uns. Was für eine Weite! Welche Größe!

Die Haltung, groß zu denken, lässt mich staunen. Sie weitet mein Herz und schenkt viel Raum, das Evangelium in die Welt hinein zu buchstabieren.

B.1.3. Gehen Sie aus sich heraus!

Das Christentum ist auf der Straße entstanden. Nicht nur Jesus war unterwegs. Auch von den ersten Christinnen und Christen erzählt die Apostelgeschichte, dass man sie draußen antrifft. Paulus verkündete den Glauben auf den Straßen und Plätzen (Apg 17,16–34).

Das möchte ich von Jesus und der Tradition der Kirche lernen: Meine Mission ernst nehmen und sie umsetzen. Das heißt dann konsequenterweise: hinausgehen. Doch das hatte ich nie gelernt. Im katholischen Rheinland der 70er und 80er Jahre war man als Katholik immer schon in. Jetzt aber, wo Kirche langsam out ist, lerne ich: So konnte das auch nicht gut gehen. Ich muss mich bewegen. Ich muss mich aufmachen, mich schon ein bisschen anstrengen. Ich bin getauft, gefirmt, ich lebe aus den Sakramenten. Ich bin reich beschenkt. Ich bin begnadet.

Dass will doch eine Konsequenz haben, sonst nützt das doch alles nichts! Das Geschenk des Christseins, die Gnade, zu Gott zu gehören, das möchte sich doch ausdrücken. Das heißt für mich heute: „Geh jeden Tag nach dem Evangelium suchen."

Und das ist tatsächlich superspannend! Ich möchte unbedingt wissen, wo und wie das Evangelium heute in meinem Umfeld gelebt wird. Wo kann ich im Alltag die Perlen gelebten Evangeliums finden? Den Schatz der Frohen Botschaft im Acker dieser Welt suchen und finden zu wollen, das heißt für mich christlich leben.

Wenn ich den Schatz des Evangeliums finden will, muss ich zu den Menschen gehen. Gott hat sich in Jesus doch auch selbst ausgesandt. Und jetzt sendet Jesus wiederum uns: „*Geht hinaus in die ganze Welt und verkündet das Evangeli-*

um der ganzen Schöpfung" (Mk 16,15). Das ist unsere Richtung. Und das ist die Dimension. Die ganze Welt! Kleiner will Jesus es nicht.

Kirche findet nicht zuerst im Pfarrhaus statt und auch nicht einzig im Kirchenschiff. Kirche findet zuerst einmal „an den Rändern" statt, wie Papst Franziskus das nennt. Und diese Ränder sind nicht nur die Flüchtlingsunterkünfte und Notschlafstätten. Es muss für den Anfang gar nicht so anspruchsvoll sein. Fangen wir doch erst mal klein an. Die meisten von uns sind zuerst einmal zu ihren Nächsten gesandt. Das sind die, die mitten unter uns leben. Es sind diejenigen, die wir alltäglich an unserem Lebensweg finden. Es sind die Menschen, die sich Tag für Tag in unserer pluralen und liberalen Gesellschaft zu bewähren versuchen. Es sind die, die das Richtige tun wollen und sich fragen, was wohl richtig sei. Mit ihnen zu fragen, mit ihnen zu suchen und dann gemeinsam auch das Richtige zu tun, das heißt wohl evangeliumsgemäß leben.

Jesus möchte durch uns seine Mission in der Welt fortsetzen. Also los!" Wo würde Jesus hingehen, wenn er in unser Dorf, in unsere Stadt käme? In die Kirche? Wahrscheinlich. Sicher aber käme er auch auf den Dorfplatz und ins Restaurant. Jesus ginge ins Altersheim und in die Schule. Wir träfen ihn vor dem Supermarkt und auf dem Sportplatz. Also gehen wir auch dorthin.

Jede und jeder von uns lebt anders. Unsere Lebensräume sind unterschiedlich. Das heißt, wenn wir Menschen dienen wollen, wenn wir ihnen das Evangelium verkünden wollen – so, dass sie es gerne aufnehmen –, dann müssen wir ihre Situation und den Kontext ihres Lebens kennenlernen. Unsere Mission, unsere Sendung, die Verkündigung der Frohen Botschaft, dass wird nur dann gelingen, wenn sie abgestimmt und eingebettet ist in den konkreten Kontext vor Ort.

Das kann je nach Region und Milieu sehr unterschiedlich sein. Aber überall werden wir Menschen treffen, die es wert sind, dass wir sie kennenlernen. Und wenn ich kennenlernen sage, dann meine ich auch kennen-lernen. Mission ist zuerst einmal ein echtes Interesse am anderen. „Wer bist du? Wie lebst du? Was ist dir wichtig? Woran glaubst du? Was treibt dich um, sorgt dich, freut dich?" Hauptamtliche in der Kirche sollten sehr gute Zuhörer sein. Lange bevor wir reden, sollten wir zuhören und hinschauen. Wir können so viel lernen.

Dazu kommt noch etwas anderes. Etwas, das Sie bereichern wird: Gehen Sie regelmäßig mal aus Ihrer fachlichen Box! Verlassen Sie immer mal wieder Ihre berufliche Umgebung. Versuchen Sie gezielt andere Kontexte kennenzulernen. Setzen Sie sich Fremden und Ungewohntem aus. Mein Vorschlag: Melden Sie sich doch als Kirchenmensch einfach mal bei einem Businessforum zum Thema Out-of-the-Box-Denken an. Kaufen Sie ein Jahresabo des örtlichen Theaters. Treten Sie als Pfarrperson doch einem Sportverein bei. Machen Sie regelmäßig mal etwas anders! Sie können viel dabei lernen.

An dieser Stelle sagen Kirchenleute dann gerne: „Für so was habe ich keine Zeit. Ich habe so viele Aufgaben." Ich meine: falsch! Das ist Teil der Aufgabe! Christinnen und Christen, die ihre Sendung leben, zeichnen sich in erster Linie durch ihr Interesse am Leben und an den Menschen aus. Ich bin sicher, Sie werden „da draußen" ganz neue Erkenntnisse über die Werte der Menschen, über ihre Fragestellungen, ihre Freuden und Sorgen lernen.

Und jetzt kommt das Beste: Ich wette, Sie werden auch für sich persönlich eine sehr beglückende Erfahrung machen! Sie werden nämlich merken, dass sich Menschen umgekehrt auch für Sie interessieren! Das ist so einfach wie logisch: Wer sich für mich interessiert, für den interessiere ich mich doch meistens auch. Die Menschen werden Sie genau beobachten. Logisch, Christen sind „fragwürdig". Sie werden Ihnen eventuell auf den Zahn fühlen, Sie hinterfragen. Schließlich will man wissen, mit wem man es zu tun hat. Und dann wird es richtig lebendig. Denn mit Neugier fängt alles an. So beginnen gute Beziehungen.

Gern noch mal ein Beispiel: Eigentlich hatte ich mich als Teilnehmer zu einem After-Work-Seminar über die Kultur von Arbeitsprozessen angemeldet. Weil ich meinen Beruf angegeben hatte, fragte mich der Veranstalter kurzerhand, ob ich nicht selbst als Speaker fungieren wolle. Mein Beruf sei ja „ziemlich exotisch". Aber er habe sich im Internet ein bisschen über mich schlaugemacht. Und meine christlichen Haltungen seien doch tatsächlich sehr spannend – bestimmt auch für Graphikdesignerinnen, Polizisten, Handwerksmeister und Projektleiterinnen. Gesagt, getan. Mein Input über eine Kultur des Scheiterns aus christlicher Sicht wurde als ein bereicherndes Zeugnis empfunden. Daneben hat mir der Abend zahlreiche Kontakte und Vernetzungen gebracht, die mich bis heute extrem bereichern. Es stimmt: Wer sich interessiert, wird im Gegenzug auch für andere interessant.

Das ist ein bisschen der Jesus-Stil. Auch er ging hin, er fragte nach, er hörte zu, er interessierte sich. Und wurde dann auch um seine Meinung gefragt. Das sollte demnach auch die Haltung seiner Jüngerinnen und Jünger sein. Wir können den Menschen nur dann dienen, wenn wir wissen, wer sie sind, wie sie leben und was sie brauchen. Erst dann können wir mit ihnen zusammen nach dem Heil suchen.

Wir sind dann im wahrsten Sinne des Wortes pilgernde Kirche, Kirche im Aufbruch. Vielleicht ist es sogar noch ein bisschen mehr. Vielleicht ist es sogar ein Ausbrechen aus verkrusteten Denkmustern. Wir verlassen die Komfortzone unserer Routine und Traditionen. Wir verlassen unsere gewohnten Strukturen. Die sind zwar bequem, aber auch ziemlich überschaubar. Und sie sind für andere Menschen (besonders für religiös Indifferente) schnell mal ziemlich langweilig und unerheblich.

Auf neuem Terrain werden uns Christinnen und Christen auch neue Chancen zuwachsen. Hier können wir neu, anders und relevant unsere Lebenseinstellung, d. h. unseren Glauben, ins Spiel bringen.

Spirituell gesehen können wir das mit Fug und Recht Umkehr nennen. Eine Umkehr im doppelten Sinn des Wortes. Es dreht sich dann nicht mehr alles um uns und unsere Deutungshoheiten. Es geht dann nicht mehr darum, dass Menschen zur Kirche kommen. Christinnen und Christen ändern jetzt die Richtung. Wir gehen dahin, wo wir hergekommen sind. Wir gehen zurück auf die Marktplätze und Straßen der Welt.

Das entlastet im Übrigen auch! Ich muss nicht dauernd neu performen, muss nicht ständig neue Angebote aus dem Hut zaubern, um die Menschen in meine Gemeinde, in meine Gottesdienste und Kirche zu „locken". Ich darf neugierig bleiben. Ich darf unterwegs sein. Es geht immer um Hinwendung und Beziehung. Weil Hinwendung und Beziehung das Wesen des dreifaltigen Gottes sind.

In der Haltung des Herausgehens erfahre ich mich als Lernender. Ich lerne das Leben in seiner ganzen Vielfalt kennen. In der Haltung des Herausgehens wachse ich als Mensch und schlussendlich auch im Glauben.

B.1.4. Setzen Sie sich ein!

Als ich zum ersten Mal die Leitung einer Pfarrei übernahm, kommentierte ein Kollege süffisant: „Alle in der Kirche wollen dienen. Die meisten in leitender Position." Darüber muss ich immer wieder schmunzeln. Nicht selten erlebe ich Leitung nämlich mehr als Bürde, als Kreuz denn als Würde und Auszeichnung. Dann verstehe ich, dass richtig verstandene Leitung tatsächlich ein anspruchsvoller Dienst ist. Gleichzeitig ist mir der Satz auch zur Warnung geworden. Weil ich weiß, wie schnell Macht korrumpiert und wie leicht Einfluss dazu verführt, dass man ihn unredlich geltend macht.

Bei Jesus lerne ich, dass alles Tun und jedes Engagement damit anfangen muss, dass man einander auf Augenhöhe begegnet. Im Lukasevangelium (Lk 19,1–20) wird von Zachäus erzählt. Der hat eine noch unbestimmte Sehnsucht. *„Er suchte Jesus, um zu sehen, wer er sei, doch er konnte es nicht ..."* So geht es vielen Menschen. Sie suchen, sie haben einen Traum: von Leben, das sich echt anfühlt, vom Durchbruch zu Neuem. Sie haben die Hoffnung auf eine bessere Zukunft, die Sehnsucht nach einem Neuanfang. Aber sie packen es einfach nicht. Wo immer sie suchen, sie finden einfach nicht.

Ach, könnten sie doch die Erfahrung des Zachäus machen und jemanden treffen, der wie Jesus ist. Aber das ist schwierig. Weil da oft so vieles im Weg steht: Schlechte

Erfahrungen, Enttäuschungen, Vorurteile, Illusionen, in vielen Fällen auch schlicht falsch gesetzte Prioritäten.

Gar nicht mal so selten stehen auch wir ihnen im Wege: Die Kirche und ihre Mitarbeiter:innen. Durch die Jahrhunderte haben wir uns den Ruf erworben, nicht gerade lebensrelevant zu sein. Wir gelten als weltfremd, altmodisch, streng und spießig. Wir stellen Regeln auf, setzen Messlatten, unter denen wir selbst hängenbleiben. Wir sind unglaublich kompliziert. Für Menschen, die nach Leben in größerer Fülle suchen, ist die Kirche nicht zwingend die erste Adresse, um anzuklopfen. Es sind nicht nur die schlimmen Folgen von Machtmissbrauch, es ist auch eine gewisse Arroganz („Ich hab den Glauben und du nicht") und eine Art Abgehobenheit (unsere Formeln, unsere Riten, unser Design), die die Botschaft von Gott schwer zugänglich machen.

Das alles müssen wir bedenken, wenn wir es trotzdem wagen, Gottes Botschaft in der Welt bekannt zu machen. Wir müssen bedenken, dass wir erstmal ein handfestes Glaubwürdigkeitsproblem zu überwinden haben. Zu lange waren wir eine zu machtvolle Organisation. Und fast zwangsläufig erwächst uns daraus Gegenwind. Die meisten Menschen haben sich zu Recht von einer Kirche emanzipiert und losgesagt, die ihnen übergriffig ins Persönlichste und Intimste hineinregiert hat. Asymmetrische Beziehungen sind immer heikel und auf Dauer sehr ungesund.

Es wird daher höchste Zeit, dass wir als Kirche unsere Möglichkeiten nutzen, um die Beziehungsebenen umfassend neu auszutarieren. Wir müssen erst mal auf den Boden kommen! Was Jesus dem Zollpächter Zachäus (Lk 19,5) sagt, gilt auch uns: *„Komm runter!"* Gott ist unten, wenn du ihm begegnen willst, musst auch du runter-steigen. Die Bewegung des Heilands ist die des Hinab-Steigens. Jesus begegnet den Menschen auf Augenhöhe. Und ergo ist Augenhöhe für alle Christinnen und Christen die eine und einzige Richthöhe und Messlatte, damit gesunde und tragfähige Beziehungen möglich werden.

Dienen heißt für mich wie Jesus zu fragen: „*Was willst du, dass ich dir tue?*" (Mk 10,36; Mk 10,51). Dienen heißt für mich, den Menschen in meinem Wirkungsbereich zu besserem Leben verhelfen. Das kann der Freund sein, der jetzt meinen Trost braucht. Das kann die Seniorin sein, für die ich im Lockdown einkaufe. Das kann die neue Familie im Quartier sein, die jetzt Kontakte sucht. Das heißt selbstredend auch, dass ich meinen Beitrag zu gerechten, solidarischen und auch künftig noch guten Lebensbedingungen beitrage.

Dienen bedeutet schlicht und einfach, Menschen zu helfen, ein bisschen besser leben zu können. Das gilt im Übrigen auch für Leitungsaufgaben: Auch Führen heißt für mich: Helfen, dass Menschen ihre Talente, Fähigkeiten, ihr Wissen und ihre Leidenschaft entdecken, leben und weiter entfalten können.

Dienen bedeutet, keine andere Absicht zu haben, als dass der oder die andere das Beste erfährt. Dienen heißt: Ich möchte für die anderen mein Bestes geben. Das bedeutet für gemeindliches Alltagsleben auch: Wir dürfen uns als Kirche ruhig auch als Service-(Dienst-)Kirche verstehen! Das ist o. k. so!

Es ist o. k., wenn Leute kommen, um ihr Kind taufen zu lassen und scheinbar nachher nie mehr gesehen werden. Es ist o. k., wenn der junge Mann um die Firmung bittet, und er kann selbst nicht recht sagen, warum. Und es ist völlig in Ordnung, wenn die Tochter den toten Vater einfach würdig beerdigen möchte und die Kirche – aus welchen Gründen auch immer – für sie einfach dazugehört. Wer weiß denn schon, was zwischen Gott und diesen Menschen in dem Augenblick passiert, in dem ich oder wir ihnen einen Dienst erweisen?

Ich weiß es nicht. Aber Gott weiß das! Darauf kann ich mich verlassen! Meine Aufgabe, meine Berufung ist der Dienst an diesen Menschen! Ich muss nicht wissen, wozu und weshalb. Gott weiß das! Gott schaut in alle diese Herzen. Er ist mit allen diesen Menschen unterwegs. Gott ist größer als ich. Er ist größer als meine Kirche und mein Amt. Darauf kann ich mich verlassen. Ich muss Gott nicht in Schutz nehmen und ich muss ihn nicht verteidigen. Ich muss Gott schon gar nicht erklären, was er zu tun hat. Ich darf ihm stattdessen helfen, seinen Heilsplan mit der Welt Stück für Stück zu verwirklichen. Das ist mein Job. Und das ist eine großartige Aufgabe!

Die Haltung, mich einzusetzen, hilft mir, auf dem Boden bleiben. Mich von dort aus aber maximal einsetzen für sein Reich! Demütig, mit dem Mut zum Dienst. Ich möchte Diener sein, damit er Kyrios (Herr der Welt) sein kann.

B.1.5. Fördern Sie Dialog!

Was ist Gott anderes als Beziehung! Und was ist das Evangelium anderes als der Dialog Gottes mit uns Menschen! Es geht immer um Begegnung. Es geht immer um Dialog. Schließlich war Jesus dauernd unterwegs und ist das Christentum an den Hecken und Zäunen seiner Zeit entstanden. Dort ist es auch gewachsen. Die Apostel:innen haben es hinausgetragen in ihre Lebenswelt. Dort wurde es verkündet, aber auch verspottet. Es wurde gehört und ignoriert. Es musste sich als frohe und glaubbare Botschaft bewähren. So ist es gereift, ist es sagbar und verstehbar geworden. Das Evangelium musste in den Dialog mit seiner Zeit treten, um sich wirklich als relevante Botschaft zu erweisen.

Das gilt auch heute noch. Wir dürfen und sollen sagen, was wir glauben, was uns heilig, wertvoll und kostbar ist. Wir dürfen und sollen das Evangelium in unsere Zeit hineinsprechen. Wir sollen es aber stets mit Demut tun. Wir sind nicht besser als andere, nur weil wir an Gott glauben. Wir dürfen daraus keinen Dünkel ableiten. Im Gegenteil, das Evangelium kann uns bewusst machen, dass wir Suchende sind und bleiben, dass wir alle der Gnade bedürfen und alle den Arzt nötig haben, der allein Christus für uns sein kann.

Erinnern wir uns noch einmal: Die ganze Welt ist Gottes Haus. Und dahinein ist Gott durch Jesus Mensch geworden – für alle. Und damit gehört das Evangelium auch allen Menschen. Es gehört nicht nur uns. Wir besitzen es als Christen nicht exklusiv.

Und wie wir sehen können, sehnen sich eben auch nicht nur wir nach dem unbedingt Guten, Wahren und Schönen. Das tun außer uns auch ganz viele andere Menschen „guten Willens". Die Botschaft des Evangeliums ist somit keine Einbahnstraßen-Kommunikation. Es gilt auch heute, das Evangelium in Kontext und Relation zu den Menschen und ihren Themen zu setzen. So viele sind als „Männer und Frauen der Seligpreisungen" (Philippe Bacq) unterwegs. Sie sind im Dienst an den Nächsten immer schon im Sinne der Seligpreisungen engagiert. Wir kennen sie aber kaum. Weil sie kaum oder nie mit uns Gottesdienst feiern. Das ist schade. Aber sie bleiben doch Frauen und Männer der Seligpreisungen. Und sollten wir sie nicht trotzdem und genau deshalb auch kennenlernen? Es macht große Freude, solche Menschen einzuladen, die Asylgruppe, die Umweltschützer, auch den Sportverein. Und es ist so bereichernd, mit ihnen ins Gespräch zu kommen. „Was treibt euch an? Was ist eure Mission? Was sind eure Erfahrungen, die Freuden und Hindernisse, die euch immer wieder begegnen?" Um dann auch von uns zu erzählen, von dem, was uns bewegt, was uns motiviert, was uns freut, auch von dem zu erzählen, was uns sorgt und was uns so viel Energie kostet.

In unserer Gemeinde pflegen wir das regelmäßig (s. wOrtwechsel und Backstage Talk). Im wertschätzenden Dialog, auf Augenhöhe mit anderen merken wir sehr oft: Das ist alles ziemlich nah beieinander. Und wir sind gemeinsam ziemlich nah dran an Jesus. Das ist alles gar nicht weit weg von seiner Botschaft. Wir bemerken, dass sie und wir mit unserem Engagement immer schon den Auftrag Jesu umsetzen. Und es ist so wunderbar, darüber ins Gespräch zu kommen. „Weshalb und warum es ethisch und moralisch gut ist, sich in dieser Art einzusetzen für den Nächsten?" Das ist nichts anderes als Verkündigung. Da bekommt das Evangelium durch unser Tun und den Austausch darüber eine noch größere Reichweite und Strahlkraft. Dann erreicht das Wort Gottes noch mehr Menschen und kann in ihnen wirken.

Ich erinnere mich an den Talk mit einem ehemaligen Fußballprofi. Jetzt spielt er in einem aufstrebenden Dorfverein. Als Muslim hat er auch ein gutes Gespür für spirituelle Dimensionen. Wir sprachen über Leistung („Wann ist gut eigentlich gut genug?") und kamen plötzlich drauf, dass Gott ganz sicher Fußballfan sein müsse. Gott liebt es, uns mit Gaben und Talenten zu beschenken. Und er freut sich, wenn wir sie entfalten und zum Guten einsetzen können. Als erfahrener Spieler dient er in diesem Sinne seiner Mannschaft und ihrer Entwicklung. Er will die jungen Spieler besser machen, sie mitnehmen, aber auch aufpassen, dass sie durch falschen Ehrgeiz nicht verheizt werden. Der Glaube an Gott ist eine tolle Grundlage für Teamentwicklung. Und das dürfen wir so benennen.

Das ist keine Vereinnahmung anderer Menschen. Freiheit – auch zum Widerspruch – bleibt ja immer bestehen. Das ist im besten Fall aber schlicht „Gutes Sagen", benedicere. Das kann für uns alle zum Segen werden.

Wir können nie für andere Menschen glauben. Und wir können erst recht keinen Glauben, keine Beziehung zu Gott in ihnen entzünden. Aber wir können sie darin begleiten. Wir können Freundschaft anbieten. Wir können Spielräume eröffnen, in denen Gottes Heiliger Geist wirken kann.

Gott und sein Evangelium sind Dialog. Grund genug für uns, den Dialog zu wagen – mit möglichst vielen anderen. Das ist möglich und nötig. Gottes Reich kann sich nicht ereignen ohne den Dialog. Bischof Albert Rouet hat das immer wieder wunderbar belegt. Die Kirche, ihre Mitglieder und Protagonisten sind hier nicht begabter als andere. Und wenn wir Menschen taufen und firmen, dann müssen wir ihnen in aller Konsequenz auch Mündigkeit zugestehen. Alle Menschen sind von Gott geliebt und möchten als solche behandelt werden.

Die Haltung, Dialog zu suchen und miteinander im Gespräch zu bleiben, baut Brücken. Kirche und Gemeinde erweisen sich als Plattformen, die Menschen zusammen-bringen. Kirche wird zur Drehscheibe, auf der man sich treffen kann, auf der man aber auch geistig und geistlich wachsen kann und die einen dann wieder in den Alltag aussendet. Wir alle lernen so den unglaublichen Reichtum anderer Meinungen, Denkweisen, Kulturen und Religionen kennen. Und wir entdecken im Gegenzug dann auch viel klarer, was unser Eigenes ist und wie wir es einbringen können in das Ganze von Welt und Gesellschaft. Die Haltung des Dialogs bereichert und macht froh.

B.1.6. Geben Sie frei!

Jesus ist unglaublich: Dauernd „wundern sich die Leute" (Mk 10,32) über ihn. Weil er mehr sieht und anderes hört als wir. Ja, weil er der Sohn Gottes ist. Deshalb ist Jesus anders – auch ganz anders, als wir oft denken. Jesus entsprach nie irgendwelchen Konventionen. Er schaute und hörte allein auf Gott. Und er diente in allem allein dem Heilsplan Gottes.

So kritisierte er zur Verwunderung und zum Erschrecken der meisten den Glauben gerade derer, die als besonders fromm galten und im Betrieb des Tempels arbeiteten. „Heuchler" nannte er die Pharisäer und Schriftgelehrten (Mt 23,15). Selbst seinen Anhängern hält er ehrlich, aber wohlwollend den Spiegel vor. „Kleingläubige" nennt er sie. Und es scheint, als habe Jesus damit wieder einmal den Nagel auf den Kopf getroffen: Unser Glaube ist oft so klein. Weil wir zu klein von Gott denken! Wir haben Gott auf unsere Dimensionen zurechtgeschrumpft. Und dann passt plötzlich nichts mehr und es wird schief.

Ich denke und ich behaupte einfach: Jesus entspricht auch heute noch nicht unseren kirchlichen Konventionen. Er ist immer wieder mal ganz anders, als wir denken. Das sollten wir in unserer täglichen Arbeit unbedingt bedenken.

So stellte Jesus auch bei Menschen Glaube fest, wo wir in der Praxis unserer Gemeinden vorschnell die Hände über dem Kopf zusammenschlagen: Die Familien, die nach der Erstkommunion nicht mehr gesehen werden. Der Gefirmte, der frühestens zur Hochzeit wieder den Kontakt mit einem Seelsorger suchen wird. Die Witwe, die die Abdankung für ihren Mann scheinbar nur als Servicedienstleistung in Anspruch nimmt. Sprechen wir denen nicht allzu schnell die Ernsthaftigkeit und damit den Glauben ab? Was wäre, wenn das so gar nicht stimmen würde? Was wäre, wenn Jesus recht hätte und es gäbe viel mehr Glauben, es gäbe viel mehr Sehnsucht nach Beziehung und nach gelingendem Leben, als wir es vermuten würden?

Wenn wir enttäuscht sind, dass Menschen uns nur als Serviceagentur benutzen, dass sie unsere Angebote nicht wertschätzen und unsere Gottesdienste zu wenig besuchen, sagt das nicht zuerst einmal ganz viel über unseren eigenen kleinen Glauben aus? Ist Glauben denn nicht eigentlich das bedingungslose Vertrauen in Gottes Größe, in seine Fürsorge und seinen Plan mit der Welt? Heißt Glauben nicht: Ich sehe von mir selbst ab, ich nehme mich nicht zu wichtig, ich verkünde nicht mich, sondern ihn? Bitten wir ihn nicht „*dein Reich komme, dein Wille geschehe*", statt dass sich unsere Vorstellungen und unser Wille realisieren?

Jesus hat ziemlich sicher in vielen Fällen eine völlig andere Haltung, als wir sie haben. Und es könnte sich lohnen, wenn wir versuchten, sie zu erlernen. Es geht Jesus wohl nicht zuerst ums Eingliedern. Es geht ihm nicht darum, dass er gut dasteht. Es geht ihm darum, dass Gott und Mensch miteinander in Berührung kommen. Es geht ihm darum, dass der Mensch in der Begegnung mit Gott sich selbst findet, seine Bestimmung, sein Heil. Darum gewährt Jesus immer Freiheit. Er lässt die Leute in aller Freiheit gehen. *„Steh auf und geh! Dein Glaube hat dich gerettet"* (Lk 17,11–19).

Wenn wir in diesem Punkt unsere Haltung ändern, wenn wir unsere Vorstellungen und damit die Menschen (!) freigeben, dann verändert sich Grundlegendes! Dann wird es leichter. Wir müssen dann nämlich nicht mehr die Defizite im Blick haben, das, was unseres Erachtens ungenügend oder falsch läuft. Wir können dann in jeder Begegnung eine Chance sehen, Gott zu erleben. Mit viel Interesse und Neugier können wir nach Gott suchen, der im Gegenüber und auch in mir wirkt. Die Praxis des Alltags wird dann von einer Pflicht zur Kür. Und ich bin sicher: Wir werden so in unserem Zeugnis für Gott überzeugender und glaubhafter.

Und wir werden schlicht besser in dem, was wir tun. Auch das habe ich im Sport gelernt: Als junger Mann war ich Sprinter. Über 100 und 200 Meter war ich einigermaßen schnell. Nochmal schneller wurde ich aber, als ich gelernt hatte, dass Sprint mit Leichtigkeit gepaart sein muss. Man trainiert hart und oft. Und es braucht viel Konzentration und Motivation. Wer aber da heraus im Wettkampf zu viel will, der verkrampft. Betrachter:innen von außen fällt das kaum auf. Äußerlich kann alles gut aussehen. Zum Sieg reicht es oft trotzdem nicht. Sein Optimum erreicht nämlich nur, wer es schafft, im Laufen locker zu sein und darauf zu vertrauen, dass alles getan ist und dass man jetzt mit Freude und Leichtigkeit den Lauf genießen darf.

So können wir auch den Menschen begegnen. Weil wir bestens ausgebildet sind und gut vorbereitet, weil wir uns an Christus festhalten, deshalb können wir in aller Freiheit und Gelassenheit helfen, dass Gott Leben und Glauben in den Menschen „zeugen" kann. Mit gefällt dieses Wort und Bild: Philippe Bacq und Christoph Theobald sprechen immer von einer „zeugenden Pastoral". Es geht nicht darum, den Glauben zu bringen oder vorzuschlagen. Gott ist immer schon da! Und auch die Sehnsucht (nach Gott) ist in allen Menschen da – offensichtlich oder unentdeckt.

Wir dürfen uns frei machen vom Gedanken, wir hätten den Glauben und die anderen hätten ihn nicht. Es geht für uns vielmehr darum, dass Gott und Mensch zueinanderfinden können. Es geht darum, dass wir Zeiten und Räume eröffnen, in denen Gottes Geist Glauben in den Menschen zeugen kann.

Wir müssen nichts beurteilen und nichts kontrollieren. Aber wir können Menschen so dienen, dass in ihnen der Glaube an Gott aufblühen kann. Weil sie das gefunden haben, was Gott von allem Anfang an in ihnen grundgelegt hatte und was er jetzt noch wirken will. Wie Hebammen dürfen wir gebären helfen, dem Glaubenswachstum und damit dem Leben dienen. Wir dürfen Menschen zur Seite stehen, sie begleiten und bestärken. Und dann dürfen wir sie auch wieder loslassen. Wir dürfen sie gehen lassen im Vertrauen, dass Gott sie und uns alle nie loslässt. Dass er das Leben ist. Und dass wir, in diesem Leben, wir selbst sein können – geborgen und dadurch frei!

Die Haltung des Freigebens, schenkt nicht nur den anderen, sondern auch mir größere Freiheit und mehr Raum zum Wachstum im Glauben. Und darum geht's!

B.1.7. Fürchten Sie sich nicht!

„Du riskierst immer etwas!" Ich erinnere mich gerne an diesen Satz meiner Großmutter. Damals meinte sie vor allem meine Sportkletterei. Tatsächlich hatte meine Oma nicht Unrecht. Ich bin mit einem großen Zutrauen gesegnet. Ich habe wenig Angst, am wenigsten um mich selbst. Ob man das psychologisch erklären kann, weiß ich nicht. Ich hoffe einfach, es hat ein bisschen mit meinem Glauben zu tun. Mit dem Gefühl – ja, es ist ein Gefühl und kein Wissen –, dass schon alles gut kommt mit meinem Leben. Weil es Gott gibt, der mich trägt und der es gut mit mir meint – auch wenn ich nicht immer gut bin.

„Fürchte dich nicht." Sicher nicht zufällig steht dieser Zuspruch unzählige Male in der Bibel. Er zieht sich durch die Geschichte und die Geschichten Gottes mit uns Menschen. Dahinter steht die Frage nach dem Vertrauen. Verlass ich mich vor allem auf mich selbst, auf meine Fähigkeiten? Vertraue ich ausschließlich menschlichen Errungenschaften und Erkenntnissen? Wenn dem so wäre, dann müsste ich mich fürchten. Weil ich weiß, dass ich und wir alle fehlerhaft sind, dass wir zu falschen Entscheidungen und Einschätzungen kommen können, weil nicht immer klar ist, was und wer uns dort hinsteuert.

Christ:innen dürfen sich in diesem Sinne durch Gott und sein Evangelium steuern und leiten lassen. Wir können und sollen vieles tun. Wir haben aber nicht alles in der Hand. Gott ist da, er wirkt, nicht nur durch uns, sondern durch so viele und vieles. Wir müssen uns nicht fürchten. Wir dürfen vertrauen.

Das heißt einiges für die kirchliche Unternehmerkultur. Wenn Settings nicht mehr stimmen, wenn Konzepte nicht mehr funktionieren, wenn Personal nicht mehr wie bisher gefunden werden kann, wenn Geld nicht mehr selbstverständlich vorhanden ist, dann müssen wir uns dennoch nicht fürchten. Dann ist das kein Grund zur Resignation und zum Jammern. Dann ist das auch kein Grund, einfach weiterzumachen, „solange es noch geht". Dann ist das erst recht kein Grund zum Rückzug ins konservativ-konfessionelle Reduit.

Es heißt stattdessen, dann noch mal zurück an den Anfang zu gehen. Quasi neu zu starten, indem man sich neu orientiert (an Jesus) und sich also neu und anders aufstellt.

Nein, wenn um uns herum nichts mehr passt, müssen wir keineswegs resignieren. Ich würde eher sagen: Wenn all das passiert, *„dann richtet euch auf und erhebt eure Häupter"* (Lk 21,28). Denn Gott will uns jetzt etwas Wichtiges sagen. Vielleicht, dass er eigentlich ja noch viel mehr Menschen erreichen möchte, als es für uns bisher denkbar war. Vielleicht möchte er uns sagen, dass er in maximal viele Herzen kommen möchte. Vielleicht sollen wir jetzt lernen, dass Glaube kein System ist, kein Konzept und erst recht kein Rezeptbuch, das man einfach abarbeiten kann.

Ja, ich vermute, immer wenn wir Glaube zu fest in ein Schema pressen, dann bringt der Heilige Geist das mit einem gewissen Vergnügen durcheinander. Dann wirbelt er uns da hinein, auf dass wir aufschrecken und wieder aufmerksam werden und hinschauen und hinhören. Dann sendet er uns Prophet:innen, die uns sagen: „Fürchtet euch nicht, es anders zu machen!"

Das Ziel von Kirche, von christlicher Gemeinschaft auf jeder Ebene und in jeder Größe ist Wachstum. Wachstum an Zahl und Wachstum im Glauben. Es geht darum, das Evangelium zu allen und nicht nur zu wenigen zu tragen. Es geht darum, im Glauben immer reifer zu werden, immer mündiger. Es geht darum, auf Jesus Christus hin zu wachsen, ihm ähnlicher zu werden.

Denken Sie kurz nach: Ist Ihre Gemeinde ein solcher Ort, wo Menschen im Glauben wachsen können? Ein Ort, der ausstrahlt und der damit anziehend ist, attraktiv, für Menschen, die nach Sinn, nach Liebe, nach Vertrauen, nach Gott suchen?

Es gibt sie und ich kenne solche Orte. Noch mehr kenne ich aber Gemeinden und Gemeinschaften, da passiert nichts außer „business as usual". Das sind Gemeinden im Gewohnheitstrott, Gemeinden im Selbstverwaltungsmodus. In solchen Gemeinden passiert nichts – nicht viel Negatives, aber leider auch nichts Positives. Es kann sein, dass solche Gemeinden für den Einzelnen durchaus kuschelig sind, tragend und heimatlich. Sie sind aber zu Kaltblütern geworden. Sie sind nicht mehr mobil. Sie sind schwerfällig geworden.

In solchen Gemeinden wird nichts riskiert. Hier regiert Furcht. Mit den globalen Veränderungen um sie herum kommen diese Gemeinden nicht zurecht. Ihnen fehlt die Energie, ihnen fehlt Wärme. Deshalb sind sie nicht attraktiv. Gerade Menschen, die suchend sind, merken das sehr schnell. Da ist nichts, an was man andocken könnte. Solche Gemeinden wachsen nicht mehr. Sie vegetieren vor sich hin. Und sie verfehlen damit ihr eigentliches Ziel.

Wer auf Gottes Dasein und auf seinen Rückhalt baut, der kann im pastoralen Alltag ganz angstfrei agieren, Altes verabschieden, Neues wagen, laut denken, offen kommunizieren.

Wer auf Gott vertraut, der kann auch mal was Verrücktes machen, der muss keine Angst haben, Fehler zu machen. Der Schweizer Tennisprofi Stan Wawrinka trägt auf seinem Arm ein Tattoo mit einem Zitat von Samuel Beckett: „*Ever tried. Ever failed. No matter. Try again. Fail again. Fail better.*" („*Versucht. Gescheitert. Egal. Erneut versuchen. Erneut scheitern. Besser scheitern.*")

Wer etwas gewinnen will, muss etwas einsetzen und wagen. Und wer etwas wagt, kann auch etwas verlieren. Fehler können passieren. Wer aber nichts wagt aus Angst vor Fehlern, der hat schon alles verloren. „*Wer zu spät kommt, den bestraft das Leben.*" Was Michail Gorbatschow 1989 über die DDR sagte, dass muss auch heute einer Kirche gesagt werden, die aus lauter Angst vor Fehlern erstarrt und stecken bleibt und gerade damit das Evangelium klein macht und verrät.

Ich bitte Sie: Machen Sie da nicht mit! Bleiben Sie nicht stehen! Riskieren Sie mal etwas! Seien Sie mutig, kreativ und unkonventionell. Machen Sie sich frei von Ihren engen Vorstellungen und versetzen Sie sich in die Situation Gottes und der Menschen: Was brauchen die, um zueinanderzukommen? Wie kann das gehen, dass Menschen in ihrer konkreten Lebenssituation hellhörig werden für Gott?

Die Welt und die Menschen in unserem Umfeld verändern sich dauernd und immer schneller. Wenn wir dem Leben dienen und ihm eine relevante Botschaft mitgeben wollen, müssen wir uns auch dauernd anpassen. Das heißt nicht sich dem „Zeitgeist" anzupassen. Die innerkirchliche Diskussion um den Zeitgeist ist eine irreführende Nebelpetarde, ein faules Sich-Herausreden.

Sich anpassen heißt vielmehr, auch weiterhin auf Augenhöhe mit den Menschen zu kommunizieren – so nämlich, dass sie das Evangelium hören und freudig annehmen können.

Überprüfen Sie das doch einmal selbst: Wer beispielsweise jahrelang die gleichen Katechesen und Konzepte auflegt und wiederholt, der bleibt höchstwahrscheinlich unter seinen Möglichkeiten, der vergräbt sein Talent, weil er die Möglichkeiten nicht nutzt, die eigentlich da wären. Menschen, Lebensumstände verändern sich dauernd. Also müssen sich unsere Konzepte daran anpassen. In unserer Pfarrei gestalten wir mit Menschen sehr individuell ihre nächsten Glaubensschritte. Wir sind als Hauptamtliche ausgestiegen aus der Rolle der Lehrer:in oder der Animateur:in. Wir sind viel lieber Begleiter:innen und so dann auch Zeug:innen geworden. Wir nehmen uns Zeit zum Hinhören, zum Mitgehen. Wir leisten Hebammendienst, damit Gott und Mensch zueinanderkommen können (s. Cupcake-Katechese). Die Haltung der „Furchtlosigkeit" schärft Ihnen die Sinne. Sie weckt Kreativität um des Evangeliums und um der Menschen willen.

B.2. Der Dreiklang
Ein Spickzettel für gute Beziehungen

Gottesdienste, Fastensuppen-Essen, Gemeindefest, Pfarrgemeinderatssitzung, Kirchturmsanierung und Glaubenskurs. In vielen Gemeinden ist sehr viel los. Da ist es nicht verwunderlich, dass man schnell einmal in geschäftige

Routine verfällt und Dinge tut, weil sie halt getan werden müssen. Man arbeitet dann etwas ab. Man schaut, dass es irgendwie läuft.

So verständlich das ist: Oft geht gerade das zu Lasten des Ambientes, der Kultur. Menschen erleben, hier wird etwas „abgespult". Und nicht selten fehlt es dann plötzlich an Freude und Tiefe. Ich will das niemand vorwerfen. Es ist die beinah zwangsläufige Konsequenz aus dem Zwang, als Kirche am Ort gut performen zu wollen oder mindestens auch das kommende Pastoraljahr „unbeschadet" zu überstehen.

Aber um was geht es eigentlich? Lasst uns, bevor wir in öde Routine verfallen, anhalten, das System runterfahren und vielleicht noch mal neu starten. Lasst uns kurz nachdenken: Geht es um Pflichterfüllung nach dem Motto „Es hat stattgefunden!"? Oder geht es nicht vielmehr um eine Qualität, wo Menschen schlussendlich sagen: „Das hat mir etwas gebracht?"

Vor einigen Jahren überraschte uns die Familie eines Erstkommunionkindes mit der Aussage: „Vielen Dank! Wir sind in diesem Jahr als Familie im Glauben weiter vorangekommen!" Allein, dass wir darüber so erstaunt und erfreut waren, hat uns die Augen geöffnet. Sollte das nicht selbstverständlich sein? Ja, sollte es, ist es aber nicht. Wenn wir ganz ehrlich sind, wissen wir das.

Seitdem gilt: Wenn wir in der Gemeinde etwas unternehmen, dann sollen am Ende solche Aussagen herauskommen. Passiert das nicht, haben wir etwas falsch gemacht.

„Was kann uns also helfen?", haben wir gefragt. Wie können wir Qualität in unsere Arbeit bringen und sie auch dauerhaft sichern, ohne jedes Mal das Rad neu erfinden zu müssen? Finden wir vielleicht so etwas wie eine Guideline, einen Leitfaden, der uns hilft, unseren Anlässen eine innere Struktur und damit eine verlässliche Qualität zu geben? Welche eine, leitende und prägende Kultur könnte unsere so ganz verschiedenen Anlässe prägen? Was könnte einen Rahmen bilden und somit die Chance eröffnen, dass Jede-Frau und Jeder-Mann gerne zu uns kommen, dabei persönlich bereichert werden, in eine geistliche Tiefe und vielleicht sogar in die persönliche Nähe zu Gott geführt werden?

Wir haben gelernt: Es geht dabei immer um eine ganz bestimmte Kultur. Es geht um eine Atmosphäre der Offenheit und um ein Klima von Wertschätzung. Aus unserem Lernen ergaben sich drei Faktoren, die fortan die Kultur unserer Anlässe bestimmen sollen. Es sind Leitlinien, auf die wir uns selbst verpflichtet haben. Sie helfen uns, eine Veranstaltung gut zu planen und Wesentliches nicht zu vergessen. Sie schenken uns Orientierung und Halt, auch wenn es mal hektisch wird. Sie helfen uns, Qualität zu sichern.

Wie in einem Dreiklang können diese Kulturmerkmale hintereinander oder miteinander erklingen. Das kann und darf variieren. Sobald aber ein Faktor fehlt, merkt man das schmerzlich. Dann klingt es nicht richtig und wird es schräg und bleibt es unvollständig.

B.2.1. Kultur des Willkommens

Wer eine kirchliche Veranstaltung besucht, tut das in der Regel nicht zufällig. Das gilt vor allem für Menschen, die selten oder gar zum ersten Mal kommen. Sie haben sich einen Ruck gegeben. Sie haben vielleicht Hemmungen überwunden und sich einfach mal aufgerafft. Sie setzen sich damit auch aus. Sie investieren äußerlich und innerlich etwas mit dem Gang aufs kirchliche Parkett. Vielleicht sind sie neugierig, was und wer sie erwartet. Eventuell sind sie unsicher, ob sie sich auf diesem ungewohnten Terrain wohl fühlen. Sicher sind sie aber sehr sensibel für alles, was ihnen begegnet.

Da ist ein Mann zum Ehrenamtlichen-Fest eingeladen, weil er den Weihnachtsbaum aufstellen half. Eine Frau hat ihre Freundin kurzentschlossen zum Glaubenskurs mitgenommen. Ein anderer kommt seit einer gefühlten Ewigkeit mal wieder zum Gottesdienst, weil der Arbeitskollege gestorben ist. Als Kirche haben wir in solchen Fällen genau eine einzige Chance, es gut zu machen! Versauen wir es, kommen diese Leute in der Regel nicht mehr wieder. Machen wir es aber gut, ist ein Pflock eingeschlagen, an dem durchaus noch Weiteres festgemacht werden kann.

In diesen Fällen steht als Erstes die Willkommenskultur im Fokus. Wie wirken wir? Wie sind unsere Räume? Wie agieren wir nonverbal? Was strahlen wir aus? Das alles sagt mehr als tausend Worte. Es verkündet eine Botschaft, noch bevor das erste Wort gesagt ist.

Willkommenskultur heißt, die Menschen wirklich wahr- und ernst zu nehmen.

1. Möchten sie angesprochen werden oder wünschen sie für den Anfang lieber ein bisschen versteckt für sich allein sein?
2. Und wir: Gehen wir auf Neuankömmlinge zu oder bleiben wir lieber unter uns?
3. Wie reagieren wir auf besondere Bedürfnisse, z. B. von Familien mit kleinen Kindern, von Senioren oder von Menschen mit einer Behinderung?

4. Was können wir tun, damit Menschen unseren Abläufen (z. B. im Gottesdienst) folgen können, auch wenn sie zum ersten Mal da sind?
5. Welche Grundstimmungen haben unsere Veranstaltungen? Sind sie hoffnungsfroh, gottvoll und engagiert? Oder sind wir ein geschlossener Zirkel, introvertiert, ein bisschen langweilig oder gestresst?
6. Was strahlen unsere Räume aus? Sind sie liebevoll dekoriert? Wird in ihnen deutlich, dass uns der Anlass und die Menschen viel wert sind? Wie ist das Klima bei uns? Der Greifswalder Theologe Michael Herbst erzählt in diesem Zusammenhang gern das Beispiel einer ungeheizten Toilette im Gemeindesaal: *„Diese Toilette predigt mit!"* Wo nicht geheizt wird, geht es wohl auch sonst recht kühl und sparsam zu. Es wird nicht investiert – in nichts und in niemand. Taten sprechen, noch bevor das erste Wort gesagt wurde. „Leben in Fülle" ist die Botschaft. Die sollten wir in jeder Hinsicht auch ausstrahlen. Unsere Räume, unser Auftreten sagen jede Menge über unsere Kultur aus.

Die Menschen, die zu uns kommen – nicht nur die Neuankömmlinge, auch die Etablierten –, sie haben es verdient, dass wir sie mit großer Sorgfalt und „Liebe" empfangen.

Die ersten Christen wurden an der Liebe erkannt, das heißt an der Wertschätzung, mit der sie einander begegneten. Das war der Stil von Jesus. Und sie versuchten ihn nachzuahmen. Jesus war großzügiger Gastgeber (Mt 14,13–21) und angenehmer Gast (Mt 9,10–13). Welche Freude, wenn wir das auch sein dürfen!

B.2.2. Kultur des Miteinanders

Wer die Haltungen von Jesus nachmachen und die Kultur des Evangeliums erlebbar machen möchte, legt Wert auf gute Kommunikation. Kommunikation in Form von Dialog und Partizipation. Jesus war nicht nur ein guter Prediger. Er war auch ein exzellenter Zuhörer. Menschen wertschätzen, sie erleben lassen, dass sie „wer sind" (nämlich ein von Gott Geliebter) heißt: sie zu Wort kommen lassen. Das heißt, wir möchten sie ermutigen, dass sie sich einbringen. Menschen sollen erfahren: „Ich bin hier erwünscht. Ich komme hier vor." Wie bei Jesus gilt es, Menschen auf Augenhöhe zu begegnen. Sich zu interessieren, nicht zuerst für das Programm eines Anlasses, sondern für die Menschen, die zu diesem Anlass zusammenkommen. Die Menschen sind wichtiger als das beste Programm und der reibungsloseste Ablauf.

„Wer bist du?", „Was treibt dich her?", „Was beschäftigt dich?", „Was glaubst du? Was hoffst du? Was liebst du? Was ist dir heilig und warum?".

Wir möchten in unserer Gemeinde den Dialog mit allen Menschen pflegen. Weil wir überzeugt sind, dass alle suchen: nach dem Guten, Wahren und Schönen. Das verbindet. Wir glauben daran, dass alle etwas zu sagen und zu berichten haben. Weil alle Erfahrungen im Gepäck haben, die es wert sind, angehört und geteilt zu werden.

Wenn wir einander (und nicht nur unseresgleichen) zuhören, uns interessieren, uns mit allen auseinandersetzen, dann können wir Gottes Geist spüren und Frohe Botschaft hören. Dann können wir erleben, wo Gott schon überall wirkt und handelt, durch Menschen, die Frauen und Männer der Seligpreisungen sind. Wir können als

Gemeinde lernen, unsere blinden Flecken erkennen, uns hinkehren und damit auch umkehren.

Dann erleben die Menschen in der Kultur unseres Miteinanders, dass sie wirklich gefragt sind, dass ihre Gaben und Charismen wichtig sind. Dann fassen sie vielleicht Mut, sie auch einzubringen. Dann ist nichts zu klein und nichts zu bescheiden, als dass es nicht gebraucht würde, um am Reich Gottes mitzubauen.

Gerne und oft wird inzwischen von Partizipation gesprochen. Gut so! Partizipation ist aber mehr und etwas ganz anderes, als am Eingang der Kirche vorformulierte Fürbitten zum Vorlesen zu verteilen. Partizipation ist mehr, als dem Pfarrer zu helfen, weil der Arme das alles allein nicht stemmen kann.

Partizipation ist echte Teilhabe. Partizipation heißt delegieren und freigeben. Partizipation heißt, Menschen das machen lassen, was ihnen wichtig, wertvoll und heilig ist.

Das ist nicht immer leicht: In unserer Gemeinde, die mit Hauptamtlichen und Finanzen noch gut versorgt ist, fällt uns das oft schwer. In unserem großen Team von Hauptamtlichen ist es eine dauernde Versuchung, alles selbst zu machen. Man hat eine Idee, man gleist sie auf, man führt sie durch. Man tut es mit Liebe, mit Freude und viel Engagement. Doch man wundert sich in vielen Fällen, warum es trotzdem nicht so richtig gut wird, warum weniger Leute kamen als gedacht, warum am Ende ein schaler Geschmack bei allen bleibt. Die Antwort ist einfach: Weil es nur unsere Idee war. Weil sie nicht dem Bedürfnis der anderen entsprach. Weil Menschen weder geistig noch körperlich beteiligt waren.

Um dem vorzubeugen, gilt seitdem bei uns die „1 + 5-Regel": „Wenn du als hauptamtlich Mitarbeitende

etwas realisieren willst, suche dir mindestens fünf Gleich-
gesinnte, die sich auch dafür begeistern. Dann macht es!
Falls du diese fünf aber nicht findest, lass es!" Wer es mit
der Partizipation ernst meint, kann nicht vom Bürotisch
aus top down etwas planen und dann meinen, das fänden
jetzt alle sensationell gut und passend. Jede Kultur – auch
die der Beteiligung – wird erst durch eigenes Erleben und
Mittun lebendig.

Die Kultur des Miteinanders heißt bei uns:

1. Jede und wirklich jeder kann einen Anlass vorschlagen
   und durchführen. Hauptamtliche verstehen sich dabei
   vor allem als Ermöglicher:innen.
2. Bei allen Kursen, Katechesen etc. wird Wert auf große
   Zeitfenster für echten Austausch und wertschätzenden
   Dialog gelegt.
3. Gottesdienste werden lebendig, indem Menschen ihr
   Eigenes (Gebet, Musik, Dekoration) einbringen und
   nicht nur Vorbereitetes reproduzieren.

Das verändert viel! Das prägt Kultur. Natürlich, es gibt
dann auch Dinge, die ich anders machen würde, die nicht
unbedingt meinem Geschmack entsprechen. Aber darauf
kommt es nicht an. Über Schönheit kann man immer
streiten – muss man aber nicht. Es kommt vielmehr darauf an, dass Menschen ihre gott-gegebenen Gaben und
Talente entdecken, dass sie erleben, dass sie das einbringen
können, zum Aufbau des Reiches Gottes. Gott und viele
haben ihre Freude daran.

B.2.3. Kultur der Spiritualität

Es ist uns elementar wichtig, dass Gott nicht nur impliziert vorkommt, sondern dass wir Gott auch explizit ansprechen. Wir wollen nicht nur über Gott sprechen, sondern auch mit ihm. Das ist oft nicht leicht. Auch hier steht der Wunsch nach einem reibungslosen Ablauf der geistlichen Tiefe dann und wann im Weg.

Dabei ist es ja eben nicht unsere Aufgabe, Gott „in die Veranstaltung hineinzubringen". Er ist ja immer schon da. Was wir jedoch können und möchten, ist, eine Atmosphäre zu schaffen, in der Gott uns berühren kann, wo Menschen dann staunend spüren: „Er ist wirklich für mich persönlich da!"

Es braucht eine Kultur, die das ermöglicht. Das heißt: weg vom rein technisch-strategischen Denken über Inhalt und Methode und hinein in eine geistliche Tiefe. Still werden, ein Lied singen, eine Kerze entzünden, ein Gebet mit einfachen Worten beten, aus der Bibel lesen. So lernen Menschen sich Gott zu nähern. Hürden werden kleiner und Hindernisse können überwunden werden. Gott und Mensch rücken näher zueinander. Auch hier gilt es, genau hinzusehen und zu entscheiden: Wo viel möglich ist, kann viel geschehen. Wo noch Vorbehalte regieren, kann mit einer kleinen Geste trotzdem etwas in Bewegung gebracht werden.

Auf wunderbare Art kann man das in einer unserer Jugendgruppen sehen. „Pray & Play" heißt die Gruppe, die sich als offener Jugendtreff versteht. Es wird miteinander gekocht und gegessen, es wird gespielt und es wird gebetet. Indem die Jugendlichen sich willkommen fühlen, indem sie merken, dass es um sie, um ihr Leben und ihre Gaben geht, fühlen sie sich wertgeschätzt. Es wächst Vertrauen. Die Jugendlichen werden von Besucher:innen zu Teilnehmer:innen. So werden sie auch offen für das Gebet. Es entsteht ein Raum, in dem Gott wirken kann. Der Erfolg spricht für sich. Aus anfänglich drei Jugendlichen sind inzwischen fünfzig geworden. Sie treffen sich regelmäßig mit einer guten Mischung aus Agilität und Verbindlichkeit. Wer nur sporadisch kommt, ist stets willkommen. Wer mehr Bindung sucht, findet eine tragfähige und verlässliche Struktur.

Sicher ist die Spiritualität immer der schwierigste Ton im Dreiklang. Hier braucht es viel Sensibilität, um Menschen nicht vor den Kopf zu stoßen, sie nicht zu überfordern oder abzuschrecken, sondern sie mitzunehmen und ihnen Erfahrungen zu ermöglichen. Es braucht Sensibilität für das, was Menschen brauchen und was jetzt möglich ist. Dass man sie geistlich weder über- noch unterfordert. Eines steht fest: Gott sollte nie fehlen, sonst wäre der Klang unvollständig.

1. Im Gottesdienst gelingt spirituelle Beteiligung auch und vor allem, wenn Menschen sich selbst, ihre Freuden, Sorgen und Nöte einbringen können, still oder laut betend. Mindestens im Advent und in der Fastenzeit gibt es in unserer Kirche die Möglichkeit, Gebetsanliegen zu deponieren – anonym oder mit Namen. Diese werden gesammelt und nach und nach in den Gottesdiensten in Wort und/oder in Stille vor Gott gebracht.

2. Team-Sitzungen beginnen mit einem Bibel-Teilen. Es braucht den guten Anfang, an dem uns Gott etwas ins Herz spricht.

3. Anlässe mit „Ungeübten" schließen mit einem gemeinsamen Segen. Den nimmt jede und jeder gern mit nach Hause.
4. Talks werden mit Lobpreismusik kombiniert. Diese Musik wirkt. Der Talk betrifft den Verstand. Die Musik trifft ins Herz.
5. Eine Kerze anzünden und um den Heiligen Geist bitten – egal mit wem und unter welchen Umständen: das geht immer.

Versuchen Sie das so oder ähnlich doch auch. Von der Kultur hängt vieles ab. Sie ist der Boden, auf dem etwas wachsen kann. Und vergessen Sie nicht, Gott lässt wachsen. Wir können das nicht. Was wir dagegen können und auch sollen, ist den Boden bereiten, die Voraussetzungen schaffen, das Klima beeinflussen. Damit Wachstum im Glauben möglich wird. Das ist nicht nur nicht schwer, es macht auch große Freude!

C. „Komm und sieh!"
Vier Beispiele, wie es läuft

Zum guten Schluss möchte ich noch einmal auf Jesus schauen. Im Gleichnis vom Sämann (Mk 4,26–34) erinnert er uns daran, dass allein Gott wachsen lässt. Das darf uns hoffnungsvoll entlasten: Gott, nicht wir, lässt wachsen zu seiner Zeit. Zugleich formuliert das Gleichnis aber auch einen Anspruch: Wir können und wir sollen für die Rahmenbedingungen sorgen.

Es gibt da diesen alten Witz, wo der Pfarrer die Felder des Bauern mit den Worten bestaunt: „Ist es nicht wunderbar, was Gott hier wachsen lässt?" Und der Bauer antwortet: „Das stimmt. Aber Sie hätten mal sehen sollen, wie es hier aussah, als Gott noch ganz allein wirtschaftete."

Das ist wohl so: Gott möchte nicht an uns vorbei handeln. Er schenkt uns vielmehr Möglichkeiten, mitzuwirken an seinem Plan von der Welt. Wir können und wir sollen an unserem Ort so einiges tun.

Am Schluss des Gleichnisses fügt der Evangelist Markus noch eine wichtige Bemerkung an: „Durch viele solche Gleichnisse verkündete er (Jesus) ihnen das Wort, so wie sie es aufnehmen konnten" (Mk 4,33).

Das scheint mir oft überlesen zu werden und doch so wichtig zu sein: Wer reiche Ernte anstrebt, der muss auf gute Dosierung beim Aussäen und Düngen achten. Für unsere kirchliche Praxis heißt das: So wie es ein Zuwenig an Evangelium geben kann, so kann es auch ein Zuviel geben. Dann werden die einen nicht satt und die anderen bekommen geistliche Blähungen. In beiden Fällen wächst dann nicht viel. Und das ist nicht im Sinne Jesu.

Es ist also wichtig, das Evangelium gut zu dosieren. Auf unterschiedliche Art und Weise sollen Menschen den Geist des Evangeliums so empfangen, dass sie Gottes Wort auch freudig aufnehmen können. Nur dann hat der Glaube die Chance zu keimen. Und nur dann geschehen Entwicklung und Wachstum. Nur dann wird Leben erblühen und das Evangelium im Menschen Frucht bringen.

Im Folgenden möchte ich illustrieren, wie wir das in unserer Gemeinde in ganz unterschiedlichen Kontexten versuchen.

C.1. „wOrtwechsel":
Wie Kirche am Ort zum Treffpunkt wird

In der Gesellschaft erleben wir im Moment Polarisierungen auf vielen Ebenen. Wurde bis anhin nur der sogenannte Individualismus kritisiert, müssen wir jetzt (durch die Pandemie befeuert) das Auseinanderdriften breiter gesellschaftlicher Schichten befürchten. Misstrauen und Ressentiments werden zum Teil gezielt geschürt. Plötzlich wird unterschieden zwischen „oben" und „unten", zwischen „Volk" und „Eliten". Fakten werden geleugnet oder „alternativ" geschaffen. Die Streitthemen erscheinen austauschbar. Lösungen werden in den überhitzt geführten Debatten meist gar nicht angestrebt. Ziel scheint es zu sein, zu polarisieren und zu trennen. Ich halte das für brandgefährlich: für unser gesellschaftliches Zusammenleben, die Demokratie und den Fortbestand einer sozialen Marktwirtschaft.

Jetzt braucht es echten Dialog. Menschen müssen an einem Tisch sitzen können, um ihre Sorgen, Nöte und Anliegen auf Augenhöhe ins Wort zu bringen. Als Kirche können, ja müssen wir hier einen wichtigen Beitrag leisten. Unsere Stärke: Wir sind breit vernetzt. Unter dem Label Christentum finden immer noch breite Bevölkerungsschichten zusammen. Und wenn wir es sympathisch tun, folgt man gerne unseren Einladungen und hört man uns auch offen zu.

Als sehr niederschwelliges Format haben wir deshalb in unserer Gemeinde die „wOrtwechsel" etabliert. Die Idee haben wir bei den Kolleginnen und Kollegen der Katholischen Kirche Vorarlberg kennengelernt. Dank ihnen durften wir Teile des Konzepts und sogar den Titel übernehmen. Wir sind sehr dankbar dafür!

Als Kirche am Ort möchten wir eine breite Plattform für guten Dialog und herzliche Gastfreundschaft sein. Als Initiantin signalisieren wir so, dass wir zuhören wollen, dass wir Lernende sein möchten, dass wir Dialog auf Augenhöhe schätzen mit Menschen unterschiedlicher Lebenseinstellungen, Herkunft und Bekenntnisse. Durch diese Haltung machen wir bereits, unausgesprochen, christliche Werte konkret.

Dabei müssen wir uns vor nichts fürchten. Wir möchten Kirche sein, die auch Widerständiges aushält und die auch gegenüber Kritischem ein offenes Ohr behält. Wir möchten uns aussetzen. Und: Wir möchten hingehen.

Das wird deutlich durch den Ortswechsel. Die „wOrtwechsel" finden nämlich nicht in kirchlichen Räumen statt, sondern in privaten Wohnungen und Häusern. Menschen laden zum Gespräch zu sich nach Hause ein.

Ein Koordinationsteam (1 + 5-Regel) lädt dazu Special Guests ein, spannende Menschen aus Kirche, Sport, Medien, Wirtschaft und Politik. Das müssen nicht immer Prominente sein. Es können auch der lokale Beerdigungsunternehmer oder der regionale Umweltaktivist sein. Sie alle stellen sich an einem bestimmten Zeitpunkt für einen Gesprächsabend zur Verfügung.

Von diesem Zeitpunkt an können sich Menschen aus dem Dorf als Gastgeberinnen und Gastgeber bewerben. Sie entscheiden, wen sie als Special Guest zu sich nach Hause einladen möchten. Sind Datum und Gast fixiert, laden sie alsdann Freund:innen und Nachbarn dazu ein – 10 bis 15 Gäste, so wie sie in die gute Stube hineinpassen.

Die Special Guests bringen ihre Lebenswelt, ihre Einstellung und Erfahrungen in die Gesprächsrunden ein. Sie setzen die Impulse. So entstehen Gespräche mit persönlichem Tiefgang und aktuellem Bezug. Lebensphilosophien, Werte, Sinnfragen, Sehnsüchte, auch spirituelle Fragen finden darin ebenso ihren Platz, wie das Ringen in unterschiedlichen Positionen.

Das Koordinationsteam stellt für alles Moderatorinnen und Moderatoren zur Verfügung. Diese initiieren im Vorfeld die Kontakte. Am Abend selbst garantieren sie den „Dreiklang", sorgen für ein ausgewogenes Gespräch und ein pünktliches Ende.

Das Format der „wOrtwechsel" pflegen wir seit einigen Jahren. Obwohl die Administration einen gewissen Umfang hat, mangelt es doch nie an Menschen, die mithelfen und sich beteiligen wollen. Die „wOrtwechsel" sind in! Innerhalb von zwei Wochen finden im Durchschnitt zwölf Gespräche an entsprechend vielen Orten statt. So finden mehr als hundert Menschen zueinander und kommen ins

Gespräch. Es ergeben sich Begegnungen und Kontakte, die sich unter normalen Umständen nie ergeben hätten. Man lernt einander kennen und verstehen. Es entstehen Verbindungen, die von Wohlwollen und Wertschätzung geprägt sind. Menschen erfahren sich als willkommen und freuen sich an guter Gastfreundschaft. Es werden Brücken vom Ich zum Du gebaut. So kann etwas wachsen. Immer wieder hören wir davon, wie Kontakte bestehen bleiben und sogar vertieft und ausgebaut werden. Das ist geteiltes Leben. Und das ist dann auch die Basis für geteilten Glauben.

C.2. „BackstageTalk": Wenn das Evangelium ins Spiel kommt

Während die „wOrtwechsel" vorrangig das Ziel haben, Menschen zusammenzubringen und (neue) Vernetzungen zu schaffen, kommt in einem zweiten Dialog-Format ganz konkret das Evangelium ins Spiel. Was hat das Christentum der Gesellschaft im 21. Jahrhundert zu sagen? Was verändert der Glaube an Gott in meinem Leben? Welche Botschaft lesen wir aus dem Evangelium, auf das wir damit unsere aktuellen Herausforderungen und Aufgaben angehen und bestehen können?

Der „BackstageTalk" ist einmal mehr eine Begegnung auf Augenhöhe. Gast ist eine Person aus dem kommunalen Leben. Die Intendantin des lokalen Theaters, der Sportchef des hiesigen Fußballvereines, eine Bio-Winzerin, der Architekt der neuen Dorfüberbauung etc. Wie spannend, wenn sie uns erzählen von der Relevanz von Kultur, den Leistungsansprüchen im Sport, von ökologischer Landwirtschaft und nachhaltigem Städtebau. Hier wird hörbar und sichtbar, dass Menschen nach dem Guten streben, nach dem Wahren und Schönen. Da bekommen auch die Zuhörerinnen und Zuhörer Mut und Freude, die eigenen Talente und Fähigkeiten zu entdecken und keineswegs gering zu schätzen.

Diese Themen verbinden wir dann mit dem Evangelium. „Wie wollen wir künftig leben?" „Auf welche Werte und Ideale wollen wir dabei bauen?" „Wie stünde Jesus wohl zu den gegenwärtigen Herausforderungen?" „Welchen Beitrag könnten Christinnen und Christen in ihrem Umfeld leisten?" „Und was ist eigentlich die Grundsehnsucht der biblischen Erzählungen?"

Unser Talk findet bislang noch im Pfarreisaal statt. Bald schon werden wir aber ins kircheneigene Bistro übersiedeln. Das wird bald fertig und ist ein noch passenderes Setting. Doch auch jetzt schon sitzen wir alle an Bistrotischen, in lockerer Atmosphäre bei Snacks, Bier und Wein. Kirche kann köstlich sein.

Und sie kann Grenzen überwinden. Wir hören hin. Wir lernen dazu. Wir beschenken einander: mit Wertschätzung und mit unserer Frohen Botschaft. Wir bringen uns ein. Wir suchen froh nach Gemeinsamem. Wir benennen mutig auch Unterschiede. Wir erzählen, was uns wichtig ist und heilig. Wir hören und verkünden.

Während im ersten Teil des Abends die Besucherinnen und Besucher des Talks (nur) zuhören, kommen sie im zweiten Teil zu Wort. Der Dialog wird zum vielstimmigen Gespräch. Fragen oder Anmerkungen wurden in der Pause auf Bierdeckeln notiert. Jetzt können sie gestellt und eingebracht werden. Die Vielfalt der Ansichten und Meinungen wird hörbar. Wir erleben: Alle haben etwas zu sagen und können das in gutem Geist tun.

Kirche und Gemeinde werden zum Ort, wo Menschen sie selbst sein dürfen. Ein Ort, wo man zusammenkommt und sich verständigt. Kirche und Gemeinde werden zu Lernorten und zu Entwicklungsräumen für die eigene Persönlichkeit. „Hier nimmt man etwas mit."

Was noch? Als aufmerksame Leserin und aufmerksamer Leser überlegen Sie jetzt hoffentlich, wo jetzt hier der dritte Ton des „Dreiklangs" steckt. Gastfreundschaft, Beteiligung und Dialog sind das Wesen des Abends. Wo aber wird nicht nur über Gott, sondern auch mit ihm gesprochen? Das war in diesem Setting tatsächlich nicht einfach zu realisieren. Schließlich kommen hier auch Menschen, die mit dem Christlichen kaum oder gar keine Erfahrungen haben. Auch die sollen auf gute Art im Herzen berührt werden. Wir haben die Lösung dafür in Lobpreismusik gefunden. Die gibt es live, jeweils zu Anfang, immer mal wieder zwischendurch und auch zum Abschluss. Wir sind überzeugt: Die Musik und die Texte sprechen uns alle noch einmal ganz anders an. Sie berühren uns innerlich und geben Gott die Möglichkeit, in uns zu klingen und zu wirken. Körper, Geist und Seele werden, wenn er es will, zu Resonanzräumen für Gottes Botschaft. Wir dürfen darauf hoffen, dass Gott da ist und dass er wirkt, weil wir ihn darum bitten. So ist der Dialog unter uns Menschen gleichzeitig auch ein Dialog mit Gott und seiner Frohen Botschaft.

C.3. „Cupcake-Katechese":
Warum Dezentralisierung uns zur Mitte führt

Ich erinnere mich: Irgendwann begannen unsere Kinder mit dem Backen. Ambitioniert und kreativ. Ideen, wie ihr Kuchen aussehen sollte, hatten beide viele. Nur waren es leider nicht dieselben. Darüber konnte man trefflich streiten.

In solchen Fällen eignen sich Cupcakes. Ein einfacher Rührteig: Butter, Eier, Mehl, Backpulver und Vanillezucker. Das kann jeder. Aber das ist die Basis. Diesen füllt man dann in eine Backform mit drei mal vier Öffnungen. Ab jetzt kann es individuell und kreativ werden. Denn jeder Cake kann individuell dekoriert werden, mit Smarties, Schokostreuseln, Zuckerperlen, Kokosraspeln etc. So entsteht Vielfalt in der Einheit. Die Grundlage ist gleich. Darüber hinaus kann aber jede:r seine Vorlieben einbringen. Eigenheiten werden berücksichtigt und Bedürfnisse finden Beachtung.

Ähnlich versuchen wir Katechese zu denken. Es ist mit dem Glauben ja ganz ähnlich wie mit dem Essen. Jede und jeder hat seinen Geschmack. Man weiß, was man mag, was guttut, was nährt, den Magen aber nicht zu sehr belastet. Die Bedürfnisse sind unterschiedlich. Was die eine liebt, löst beim anderen eine allergische Reaktion aus. Nicht jeder und jede verträgt alles. Die einen haben einen Bärenhunger. Sie sollen satt werden. Andere bevorzugen leichte Kost oder möchten zu Beginn erst mal kosten. Jemanden hier zu unter- oder überfordern wäre nicht gut. So ist es auch mit dem Evangelium. Es muss unterschiedlich portioniert und angerichtet werden. Sonst kann es nicht nähren.

Wie das in der Gemeindearbeit aussehen kann, illustriere ich gern am Beispiel der Vorbereitung auf die Erstkommunion.

Unsere Beobachtung: Familien kennen sich oft schon recht gut. Durch Nachbarschaft, Schule und Vereinsmitgliedschaften sind bereits lose oder gar enge Vernetzungen entstanden. Man kennt sich, ist befreundet, schätzt sich, es gibt kaum Berührungsängste. Neue (Zugezogene) können hier relativ einfach integriert werden. Auf diesen Ressourcen können wir als Kirche aufbauen.

Daneben leben wir ja in der Haltung: Wir müssen Gott nicht zu den Menschen bringen. Er ist schon da! Wir können Menschen aber helfen, Gott und sein Wirken in ihrem Alltag zu entdecken. Das kann nicht von oben nach unten geschehen (hierarchisch). Das kann nur in völliger Freiheit und Mündigkeit erfolgen.

Wir glauben, jedes Sakrament ist ein Geschenk Gottes an uns. Dieses Geschenk dürfen wir entdecken, seinen Wert für unser Leben erfahren. Wie das geht, wissen Menschen mindestens unbewusst. Für uns spielen die Eltern und die Familie als Ganzes dabei eine Schlüsselrolle. Wir sind überzeugt, dass Eltern am besten wissen, was gut für ihre Kinder ist. Auch prägen Eltern ihre Kinder im jungen Alter wesentlich stärker, als jede Form von kirchlicher Gemeinschaft es könnte. Das möchten wir anerkennen und wertschätzen. Und wir möchten gezielt darauf aufbauen.

Ziel der Vorbereitungszeit ist: Die Familien der Erstkommunionkinder sollen während dieser Zeit als Gemeinschaft im Glauben wachsen. Sie sollen Kirchen-Erfahrungen machen als Familie, in der Nachbarschaft, im Freundeskreis. Die Familien sollen eine realistische Chance haben, Gott in ihrem Leben zu entdecken. Sie sollen Erfahrungen mit ihm machen und Möglichkeiten erlernen, ganz alltäglich mit Gott und aus der Beziehung zu ihm zu leben.

Dem dient die Cupcake-Katechese. Die Familien (+/−5 Familien) formieren sich, frei gewählt, in Gruppen (Cupcakes) zusammen. Die Gruppen verstehen sich als eigenständige Glaubens- und Lerngemeinschaft. Sie sind ein Ort, an dem Gott wirken kann. Jede Gruppe ist Kirche im Kleinen und gehört doch zur Kirche als Ganzes. Jede Gruppe trifft sich regelmäßig, um miteinander den Glauben und das Leben zu teilen. Das war besonders während der Pandemie wichtig und wertvoll. Jede und jeder bringt dabei die Gaben und Talente in die Gruppe ein, die er und sie haben.

Damit die einzelnen Gruppen trotzdem vernetzt sind und sich auch im größeren Zusammenhang als Kirche erleben, gibt es Vernetzungstreffen. Allen voran die Weg-Gottesdienste, immer am letzten Sonntag im Monat. Wenn es möglich und erwünscht ist, gibt es zusätzlich noch einen zentralen Impuls-Tag. Hier und im gemeinsamen Sonntagsgottesdienst erleben sich alle auf dem einen, wenn auch nicht gleichen Weg. Man ist individuell unterwegs. Und doch gehört man zusammen.

Als Pfarrgemeinde stellen wir eine Begleitperson zur Verfügung. Sie ermutigt die Gruppe, ihre eigenen Wege zu gehen. Die Begleitperson stellt regelmäßige Treffen sicher und hilft, den Treffen eine Struktur zu geben.

- Die Treffen finden regelmäßig statt (Richtzahl: 5-mal).
- Ort, Zeit und Dauer des Treffens vereinbart die Gruppe eigenverantwortlich.
- Jedes Treffen hat ein Thema. Dieses ist frei wählbar.
- Ein Treffen orientiert sich am „Dreiklang" für gute Beziehungen (s. oben).

Die Begleitpersonen sind wichtig, aber nicht entscheidend. Sie sind Vorbilder. Sie sind mündige Christinnen und Christen, die ihre guten Erfahrungen gerne weitergeben möchten. Rita, eine Begleiterin, formulierte es so: „Die Begleitung ist unkompliziert und wertvoll. Außerdem bleibe ich glaubensmäßig selber am Ball." Grundsätzlich kann jeder Getaufte und Gefirmte diese Aufgabe übernehmen. Die Begleitpersonen werden von Hauptamtlichen auf die Aufgabe vorbereitet und über die Zeit begleitet. Es gilt, Haltungen und Methoden einzuüben. Dazu dienen Begleitpersonen-Treffen. Sie sind spirituelle Kraftorte, an denen die Begleitpersonen ihrerseits wieder Glauben stärken und teilen können. Auch die Gruppe der Begleitpersonen ist ja für sich ein Cupcake, sie ist Kirche!

Indem wir die Vorbereitung auf das Sakrament auf diese Art dezentralisieren, tragen wir der Individualität der Menschen besser Rechnung. Jede und jeder steht im Glauben an einer anderen Stelle. Dazu sind die Zeitbudgets und die Prioritätensetzungen sehr unterschiedlich. In der Kleingruppe wird dies als Gruppenprozess miteinander ausgehandelt.

Aus meiner Perspektive als Gemeindeleiter ist diese Art der Sakramenten-Vorbereitung auf eine Art unübersichtlich. Ich habe nicht alles unter Kontrolle. Ich muss loslassen können und auf den Prozess und darin auf Gottes Geist vertrauen. Unter dem Strich führt uns diese aber mehr zur Mitte (Christus) als die herkömmliche, topdown initiierte Erstkommunion-Vorbereitung. Es entstehen jetzt mehr Beziehungen als in der zentralen, großen Struktur. Es wird mehr emotionale Nähe aufgebaut. Das führt auch zu mehr Identifikation – mit Gott, mit der Gruppe und damit auch mit der Kirche.

Eine weitere Erfahrung ist: Widerstände (gegen das Programm) gibt es nicht mehr. Schließlich wählt und designt man selbst. Menschen erleben: Kirche lässt mich mündig und frei sein. Man traut mir etwas zu. Das baut auf. Die Struktur kostet so sehr wenig Energie. Diese kann jetzt vollumfänglich in den Inhalt einfließen. Die Vernetzungstreffen, hierbei vor allem die Weg-Gottesdienste, erfreuen sich großer Beliebtheit. Sie sind „gottvoll und erlebnisstark" (P. M. Zulehner). Und: Sie sind familienfreundlich. Weil sie im Voraus gut planbar und zeitlich überschaubar sind. Wir erleben: Das können und das möchten Familien leisten. Da will niemand fehlen. Augenzwinkernd sagte einmal ein Vater: „Die Kinder kommen im Gottesdienst vor und sind deshalb nicht zappelig. Dann habe ich auch als Vater die Chance, ganz viel mitzunehmen." So soll es sein!

C.4. „Think global, act local": Wie Kirche und Wirtschaft zueinanderfinden

Das letzte Beispiel ist in doppelter Hinsicht ein gutes Beispiel. Beinah wäre es nämlich zu einem guten Beispiel für etwas Misslungenes geworden. Das ist ja gerne so: Die meisten Dinge, die in der Kirche nicht gut werden, waren ursprünglich durchaus mal gut gemeint.

Um zu verstehen, was ich meine, mache ich einen kurzen Abstecher in die Geschichte: Seit Mitte des letzten Jahrhunderts gab es in unserem Kanton eine Arbeiterseelsorge. Sie umfasste ganz konkrete Seelsorge. Sie wirkte aber auch in der Verkündigung der katholischen Soziallehre. Und sie fungierte als Bindeglied zwischen Industrieverband und Gewerkschaften. Aber irgendwann war Schluss.

Was war passiert? Innerhalb weniger Jahrzehnte hatte sich unser Kanton von einem Industrie- in einen Dienstleistungsstandort gewandelt. Es gab weder Arbeiter noch Industrie. Und also brauchte auch niemand mehr Arbeiterseelsorge. Das schreibe ich jetzt so leicht. Doch in Tat und Wahrheit hat es lange gedauert, bis wir als Kirche das Einsehen hatten, dass etwas in die Jahre gekommen und aus der Zeit gefallen war. Zurück blieb der Phantomschmerz über etwas Verlorenes. Bei einigen kirchlichen Exponenten dauerte er an bis zum Anfang der 2000er Jahre.

Um den Schmerz zu besiegen, versuchte man die Arbeiterseelsorge neu zu beleben. Das konnte ja nicht sein. Das war doch etwas Gutes. Ein zweijähriger Prozess lief ins Leere und endete mit großer Enttäuschung. So ist das öfter bei uns Kirchen. Etwas ist gut gemeint, geht aber dann trotzdem nicht. „Wenn du merkst, dass du ein totes Pferd reitest, steige ab", heißt der Spruch. In der Kirche versucht man stattdessen dauernd, Totes wiederzubeleben. Und das geht eben nicht gut.

Das Vakuum der Enttäuschung hatte schlussendlich aber sein Gutes. Der Heilige Geist bekam den Spielraum und die Möglichkeit zu wirken. Weil schon alles verloren schien, konnte man es im Mut der Verzweiflung getrost riskieren, „out of the box" zu denken. Jemand Mutiges wagte die Frage: „Ob denn die Wirtschaftsunternehmen im Kanton wohl ein Interesse hätten, mit uns Kirchen zusammenzuarbeiten?" Das erste Echo war überraschend positiv. Auf dem Hintergrund der Banken- und Finanzkrise 2007/2008 und der damit einhergehenden Verunsicherung sehnten sich plötzlich viele nach Impulsen, Ideen und Tröstungen, die anders waren. Zudem waren auch wir Kirchenleute daran interessiert, von der Wirtschaft zu lernen.

Darauf ließ sich Neues aufbauen. So eröffneten wir 2009 das „Forum Kirche und Wirtschaft" als eine überregionale Arbeitsstelle der Katholischen Kirche im Kanton Zug. Der erste Leiter der Stelle kam aus der Wirtschaft, nicht aus der Kirche. Das war ein Zeichen für sich. Wie war das noch gleich? Interesse auf der einen Seite lässt beinah zwangsläufig Interesse auf der anderen Seite wachsen. So begann eine Erfolgsgeschichte, die bis heute weitergeschrieben wird.

Schwerpunkte des „Forums Kirche und Wirtschaft" sind:

- öffentliche Podien zu aktuellen, sozialethischen und gesellschaftspolitischen Fragen.
- individuell zusammengestellte Gesprächsrunden zum vertraulichen Austausch über Arbeit, Verantwortung, Glaube und Ethik unter Führungskräften unter der spirituellen Leitung eines Theologen.
- persönliche Beratung für Menschen in verantwortungsvollen Positionen in schwierigen beruflichen Situationen
- spirituelle Angebote wie die Auszeit „24 Stunden out of Office".
- aber auch regelmäßige Betriebsbesuche von Pfarreigruppen unter dem Motto „Wirtschaft live".

Über einige Jahre hinweg durfte ich hierbei eine Gesprächsgruppe moderieren und inhaltlich anleiten. Das hat mich stark geprägt und oft tief berührt. Circa einmal im Monat kamen wir zusammen, 10 bis 15 Frauen und Männer, bunt gewürfelt aus allen Berufen. Patrick, der Politiker, der seinen Weg zwischen Parteiprogramm und eigenem Gewissen suchte. Isabelle, die Controllerin, der die Verwaltungsreform zwar einleuchtete, der aber die Menschlichkeit darin fehlte. Rolf, der in der Arbeitsagentur den Spagat zwischen Anspruch und Wirklichkeit versuchte. Lydia, deren Museum trotz vieler ungenutzter Chancen ständig vor der Schließung stand. Menschen mit je eignen Prägungen, mit Freuden, mit Sorgen, mit viel Know-how und manchen Fragen. Menschen wie du und ich. Wir hatten viel Offenheit füreinander und großes Vertrauen zueinander. Wir hatten uns einfach viel zu sagen. Und wir entdeckten miteinander wertvolle Ressourcen. Und der Glaube an Jesus Christus ist eine davon. Wir haben im Evangelium nach Parallelen zu unserem Leben und nach Antworten auf unsere Fragen gesucht. Wir wurden bereichert und getröstet. Wir wurden bestärkt und korrigiert. Wir halfen einander. Und uns wurde geholfen. Wir waren ein gutes Team.

Jetzt habe ich die Gruppe in andere Hände gegeben. Es wird weitergehen. In diesem Vertrauen können wir alle immer wieder frei geben und weitergehen. Darauf liegt Segen.

Kirche und Wirtschaft, die stehen sich nämlich nicht fremd oder gar feindlich gegenüber. Sie können sich gut ergänzen. Weil sie wichtig sind und relevant. Weil die Welt beides braucht: engagiertes, kluges und nachhaltiges Wirtschaften und mündiges, frohes und hoffnungsstarkes Glauben. Das gehört zusammen. Wir können uns gegenseitig bereichern und viel voneinander lernen. Die Welt – auch die Wirtschaftswelt – ist voll von Gott.

Wenn wir den Mut und die Offenheit haben, uns umzuschauen, zeigt Gott uns das. Dann sehen, hören, lernen und erleben wir, wo wir seine Frohe Botschaft aussäen dürfen. Sein Reich will nämlich weiterwachsen. Es will immer größer werden und wirkmächtiger. Das wird passieren durch seine Gnade und mit Hilfe unseres frohen, kreativen und engagierten Mittuns!

Anstelle eines Schlusswortes
Ein Neu-Anfangswort

Patrick Todjeras

Wenn du bis hierher gelesen hast, dann hast du es fast geschafft. Dieses Kapitel, das „Schlusswort", hat es nach den inspirierenden und großartigen Gedanken von Christian Kelter echt schwer. Das ist ein wenig so wie die letzten Minuten in einem Fußballspiel, wenn man ein Spitzenspiel gesehen hat und der Spielstand eigentlich feststeht. Man ist dankbar und beschenkt. Man erwartet nicht mehr die große Wende. Man ist vielleicht geneigt den Fernseher abzudrehen, von der Couch aufzustehen oder einfach wegzuschalten. Das Spiel ist im Prinzip schon vorbei!

Nun gibt es aber Spiele, da wendet sich das Blatt in den letzten Minuten. Das, was niemand mehr für möglich hält, passiert. Das eindrücklichste Spiel, das ich dabei vor Augen habe, ist ein Spiel des FC Bayern München. Vielleicht ist das in einem Buch, dessen Autor „Effzeh"-Fan ist, etwas frech. Aber Gott wirkt ja auch an für uns unvorstellbaren Orten – so zumindest meint das der Autor dieses Buches. Das erträgt doch unsere ökumenische Freundschaft, oder, lieber Christian?

Der FC Bayern München führte am 26. Mai 1999 im Champions-League-Finale in Barcelona gegen Manchester United mt 1:0. Tolles Spiel, viele Chancen, verdiente Führung. 90.245 Zuschauer meinen, dass das Spiel im Prinzip schon vorbei ist. Und dann kommt's: In den vier Minuten der Nachspielzeit, zwischen der 90. und der

94. Minute, schießen sich die Engländer mit zwei Toren zum Sieg. Vier Minuten Nachspielzeit, die alles verändern. 2 : 1 Endstand. Champions-League-Sieger: Manchester United.

Im Prinzip passiert auch an dieser Stelle dieses Buchs nichts Spektakuläres mehr. Du hast ein glänzendes Spiel gesehen, ein Offensivfeuerwerk. Nicht nur offensiv hat der Autor und Spielmacher hier brilliert, er ist auch in der Defensive eng und sicher gestanden: ein biblisches Fundament, lebensnahe Beispiele, witzige Pointen und konkrete Anweisungen fürs eigene Leben und die Gemeinde. Eine verdiente Führung!

Was kann jetzt noch kommen?

Vielleicht vier Minuten Nachspielzeit, die etwas verändern.

Wenn ich die Vision und das Anliegen dieses Buches nämlich verstanden habe, dann ist das Spiel noch nicht vorbei! Das Spiel beschränkt sich nicht auf die Zeit, die man mit dem Buch in der Hand verbringt. Das Spiel beschränkt sich nicht auf die Zeilen zwischen den zwei Buchdeckeln!

Ja, das Spiel dauert etwas länger als 90 Minuten plus Nachspielzeit. Es geht ja um Gottes Mission mit dieser Welt, es geht hier um Gottes Leidenschaft mit seinen Geschöpfen und seiner Schöpfung, es geht hier um Gottes überfließende Liebe, an der die Kirche und Gemeinde teilhat. Es geht doch darum, wie du und ich, wie wir uns dieser ausgießenden Liebe Gottes anschließen. Es geht darum, wie wir Teil von etwas ganz Großem werden. Natürlich ist unsere Gemeinde, ist unser Tun nicht die „ganze" Mission Gottes, nein, sie ist aber Teil davon, Werkzeug der Liebe Gottes, Zeichen der Liebe Gottes, Frucht der Liebe Gottes.

Wir, die Kinder Gottes und die Gemeinde Christi, haben damit einen Platz in der Mission Gottes in der Welt. Du, ja, auch du hast einen unverwechselbaren Platz, dort, wo du stehst, dort, wo dir Verantwortung übertragen ist, dort, wo du feierst und liebst, hilfst und über den Glauben sprichst und dazu einlädst. Egal ob in der Schweiz, Österreich oder Deutschland. Egal ob als „Effzeh"-Fan oder als Fan des UFC Attergau. Es ist aber nicht egal, ob du mitmachst oder nicht! Man könnte sich ja fragen: Kann denn der allmächtige Gott nicht seine Mission selbst erledigen? Ja, könnte er – sage ich mal so frei als Lutheraner –, aber er hat sich uns als Mitarbeiterinnen und Mitarbeiter der Freude ausgesucht. Wir dürfen Mitarbeiter der Freude sein, anteilnehmen und anteilhaben an dem, was Gott mit und durch uns tut. Manchmal auch trotz uns – aber das ist eine andere Geschichte.

Wir haben damit Notwendiges zu tun. Wie wir dem auf die Schliche kommen, wie wir das entdecken und gestalten und einüben, das zeigt uns Christian in diesem Buch. Das, was wir in diesem Buch lesen, ist nicht nur für die Seelenpflege des Einzelnen gedacht, es ist als Erneuerung der christlichen Gemeinde und Gemeinschaft gedacht. Und genau hier beginnt auch die Erneuerung der Kirchen. Sie beginnt nicht in kirchlichen Verwaltungsstellen oder in der Finanzbuchhaltung der Kirchen, sondern im geistlichen Leben und in der geistlichen Erneuerung vor Ort mit Menschen, durch Menschen, inmitten von Menschen. Dort, wo Menschen dem Auferstandenen, Jesus Christus, begegnen.

Das finde ich großartig an den Gedanken in diesem Buch, dass sie vom ersten bis zum letzten Kapitel auf diesen Fluchtpunkt hin fokussiert sind. Das ist nicht nur „frommes" Getue, sondern eine Grundsatzfrage, eine

Frage des Fundaments. Ihr kennt das ja, wenn das Fundament Mist ist, steht alles Weitere auf wackeligen Beinen. So oder ähnlich steht es in vielen biblischen Geschichten beschrieben.

So will es der Autor auch vorleben. Christian liebt Gott, liebt die Menschen und seine Kirche. Nein, er liebt die von Gott bewegten Kirchen – ich sag es lieber so, dann gehöre ich als evangelischer Christ auch dazu.

Ich bin bewegt von seiner Vision: Neugier wecken auf den uns liebenden, leidenschaftlichen und schöpferischen Gott, von Jesus lernen, seinen Stil einüben, sich am Wesentlichen im Glaubensleben und besonders in der Gemeindearbeit ausrichten, lebendige, mündige Christen fördern.

Darum soll es auch kein Schlusswort im herkömmlichen Sinn geben. Weil das Spiel ja noch nicht zu Ende ist. Außerdem soll ja nichts „abgeschlossen" werden, sondern neu begonnen werden. Also immer wieder neu anfangen. So wie jeder Morgen ein Neuanfang ist. Immer wieder anzufangen, muss gelernt werden. Das muss jeder Christenmensch und jede Gemeinde lernen. Das ist nicht einfach und auch nicht schmerzfrei, geschweige denn konfliktfrei.

Eine der schönsten Geschichten des Neuanfangens wird im Johannesevangelium erzählt (Joh 21). Es ist eine Begegnung zwischen Jesus und den Jüngern, die etwas sonderbar ist. Im Prinzip ist schon alles gesagt, was über Leben, Tod und Auferstehung zu berichten ist, und dann kommt diese eine Geschichte. Sie wirkt fast wie ein PS, ein Postskriptum. Der auferstandene Jesus begegnet einer kleiner werdenden, resignierten Jüngerschar. Die Jünger kehren nach den turbulenten Ereignissen um Jesus zu ihrer gewohnten Routine zurück, sie gehen fischen. Resignation hat sich bei den Jüngern eingeschlichen. Es ist

Nacht. Sie fangen keinen Fisch und können auch mit ihrem Leben gerade nichts anfangen. Und dann: „als es aber Morgen war, stand Jesus am Ufer" (V. 4). Ein neuer Tag bricht an und Jesus steht am Ufer. Oder anders: Weil Jesus am Ufer steht, bricht ein neuer Tag an.

Das gilt.

Auch für dich, für unsere Gemeinschaften und Kirchen. Weil Jesus am Ufer steht, bricht ein neuer Tag an.

Also, vielleicht doch vier Minuten Nachspielzeit, die etwas verändert haben?

Hinweise & Dank

Jetzt ist das Büchlein fertig. Und wenn ich es selbst noch einmal durchlese, fallen mir Menschen ein, die mich spirituell und wissenschaftlich geprägt haben und das auch weiterhin tun. Ihnen gilt mein herzlicher Dank!

Bischof Felix Genn führte mich vor vielen Jahren in die ignatianische Spiritualität ein. Daran mag er sich vielleicht gar nicht mehr erinnern. Aber so lernte ich u.a. *Alfred Delp* kennen – seinen optimistischen Blick auch in schwierigen Zeiten. Heute inspirieren mich vor allem *Philippe Bacq* und *Christoph Theobald*. Ihre Gedanken und Beiträge zum Kirche-sein möchte ich Ihnen allen ans Herz legen.

Pierre Stutz begleitete lange Jahre mein Sein und Werden im Beruf. Ich lernte zu beten und zu handeln. Wie nennt Pierre es so schön: „Geborgen und frei". Er war es auch, der mich zu diesem Buch ermutigt hat. Vielen Dank, Pierre, für dein Zutrauen!

P. Martin Werlen OSB ist mir bis heute eine wichtige Vertrauensperson und ein wertvoller Diskussionspartner. Die Spiritualität Benedikts leitet mich Tag für Tag – persönlich und auch in meiner Leitungstätigkeit in der Gemeinde.

Vernetzung tut so gut! Dankbar schaue ich auf die Kontakte mit *Maja Schanovsky* und *Otto Neubauer*. Mein Team und ich, wir haben viel bei euch und mit euch gelernt. Vielen Dank! Die Wiener Akademie für Dialog und Evangelisation ist ein toller Ort. Hier haben wir auch die Kolleginnen und Kollegen aus dem Vorarlberg kennengelernt und sind so auf die wOrtwechsel gestoßen.

Immer wichtiger wird mir der ökumenische Dialog. Wir können Kirche ja auch gar nicht anders denken und leben! Aktuell lese ich viel von *Dietrich Bonhoeffer*. Man merkt es im Buch. Er bleibt ewig aktuell.

Dass IEEG in Greifswald wurde mir zu einem wertvollen Ort. *Michael Herbst, Patrick Todjeras* und einige andere haben mir viel mitgegeben. Ein großer Teil dieses Büchleins entstand dann auch im Frühling 2021 in Greifswald. Patrick Todjeras hat mir zudem das „Neu-Anfangswort" am Schluss geschrieben. Es ist tatsächlich in vielen Fällen die Verlängerung, die ein Spiel entscheidet. Danke, lieber Patrick!

Zu guter Letzt möchte ich *Willow Creek* erwähnen und Ihnen empfehlen. Zu den Kongressen gehe ich immer gerne und nehme auch Kolleginnen und Kollegen mit. Willow ist nicht nur der Blick über den Tellerrand. Willow ist Vernetzung, Dialog, Einladung zum Wachstum, zum echten Christsein: ökumenisch – quasi umfassend katholisch – im wörtlichen Sinn.